GALERIE

DE SON ALTESSE ROYALE

MADAME, DUCHESSE DE BERRY.

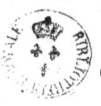 TOME SECOND.

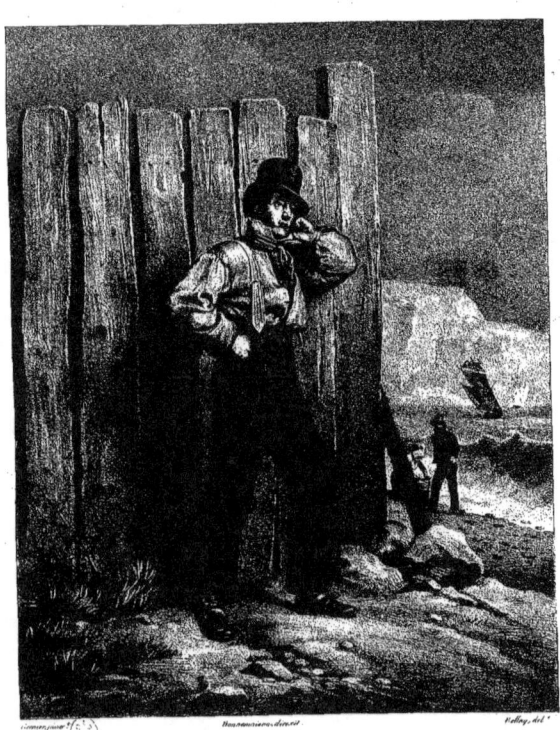

Un Matelot, appuyé contre une palissade.

UN MATELOT APPUYÉ CONTRE UNE PALISSADE,

PAR M. GRENIER.

Des lithographies plus remarquables sous le rapport de la composition que sous celui de l'exécution², de nombreux lavis, riches de couleur et d'harmonie, d'une touche spirituelle et facile, avoient révélé le talent de M. Grenier; mais rien encore n'avoit, autant que les ouvrages que nous avons vus de lui au dernier Salon³, marqué la place de ce jeune artiste. Il peut aspirer, sans orgueil, à tenir un rang honorable parmi ceux qui cultivent avec le plus de succès le genre qu'il a adopté; et telle de ses productions ne seroit sans doute pas désavouée par le plus ingénieux et le plus fécond de nos peintres⁴.

Parmi les cadres charmants de M. Grenier qui ornoient récemment les salles du Louvre, il en est un qui n'offre qu'une seule figure sur le premier plan : c'est un *Matelot appuyé contre une palissade*. Dans le fond, et sur le rivage de la mer, on aperçoit un autre matelot qui s'entretient avec une jeune femme. Cette figure n'est à vrai dire qu'une figure d'étude, mais elle est touchée avec autant de vigueur que d'esprit, elle est d'un coloris brillant, d'une touche libre; les fonds sont légers et fins de ton; enfin tout dit, dans cet ouvrage, que du pinceau qui le créa peuvent en sortir d'autres plus importants et non moins parfaits.

(1) Tableau peint sur toile; hauteur 1 pied, largeur 9 pouces. Salon de 1824.
(2) Voyez les *Victoires et Conquêtes*, publiées par Mme Brossier.
(3) Le *Combat de Campillo de Arenas*, celui de *Llers*, le *Conscrit*, le *Hussard fourrageur*, etc., etc.
(4) Horace Vernet.

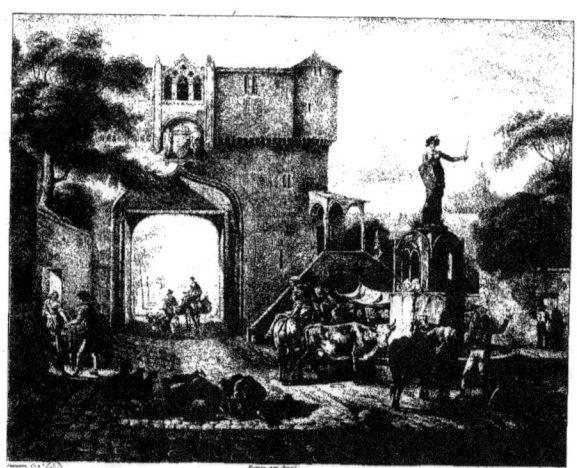

Vue Porte de la Ville d'Orléans.

UNE PORTE DE LA VILLE D'ORLÉANS,

PAR M. DE MARNE.

Finesse de touche, coloris brillant et harmonieux, faire libre et spirituel, effets de perspective adroitement calculés, dégradation bien ménagée de la lumière, oppositions pittoresques, détails charmants, scènes animées, vivantes ; voilà ce que présente ce joli tableau, où l'artiste s'est montré, soit sous le rapport de la composition, soit sous celui de l'exécution, l'heureux émule des Winants et des van Denvelde.

Dans d'étroites limites, ce cadre réunit tout ce qui peut plaire, intéresser et jeter du mouvement dans une production de ce genre. Là, c'est une fontaine au-dessus de laquelle s'élève la statue révérée de cette noble fille des champs, de cette chaste héroïne à qui la France dut son salut quand l'Anglois, attisant chez nous le feu des discordes civiles, s'emparoit de nos places, et dictoit des lois à nos princes ! Des animaux viennent s'abreuver à cette fontaine. Ici, et sur un plan plus avancé, c'est un chevrier avec son troupeau ; ailleurs, c'est un marchand ambulant qui vend quelques articles de sa légère pacotille à une paysanne ; plus loin, et presque sous la porte de la ville, c'est une autre paysanne qui, montant un pacifique coursier, s'entretient avec un berger qu'elle rencontre en son chemin. Tout cela est vrai, tout cela est à sa place, et aussi bien disposé que traité spirituellement. Chaque groupe épisodique a un attrait particulier et concourt à répandre je ne sais quel charme, je ne sais quelle vie sur l'ensemble du tableau. On voit cela tous les jours (c'est l'image de la nature dans ses atours les plus simples), et cependant on veut le revoir encore ; et le prestige est tel, qu'on croit toujours découvrir dans ce cadre quelque chose de neuf, tant le pinceau de l'artiste y a développé d'aimables ressources et une piquante originalité !

(1) Tableau peint sur toile; hauteur 1 pied, largeur 1 pied 3 pouces. Salon de 1814.

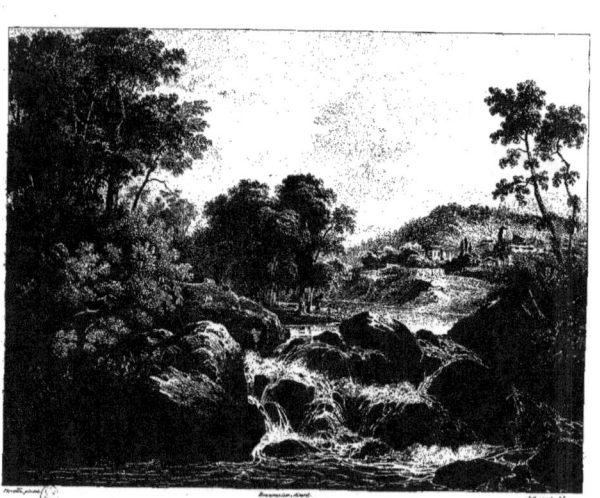

Vue prise dans les Apennins.

VUE PRISE DANS LES APENNINS[1],

PAR M. STORELLI[2].

Choisir heureusement un site, développer de belles lignes, ajuster de belles masses, calculer les effets plus ou moins piquants des oppositions, ordonner ses plans avec intelligence, distribuer la lumière dans son cadre d'une manière tout à-la-fois pittoresque et naturelle; voilà l'art du paysagiste; voilà par quoi se font remarquer presque tous les ouvrages du peintre dont nous offrons ici un tableau. Quel mouvement et quelle transparence dans ces eaux! Quelle richesse de formes dans ces rochers que brise et qu'entraîne la cascade dans sa chute! Quel repos dans les plans reculés, et quel charme naît de l'opposition qu'ils présentent avec les premiers plans!

Ce paysage est sans contredit l'un des meilleurs ouvrages de M. Storelli. Il est peint largement et d'un coloris solide; le ciel est fin et chaud de ton, et si quelque chose laisse à desirer dans cette aimable production, c'est peut-être le feuillé des arbres et la touche du peintre, qui, dans quelques endroits seulement, semble manquer de légèreté.

(1) Tableau peint sur toile en 1819; hauteur 2 pieds 9 pouces, largeur 3 pieds 7 pouces.
(2) Peintre de paysage de S. A. R. MADAME, duchesse de Berry.

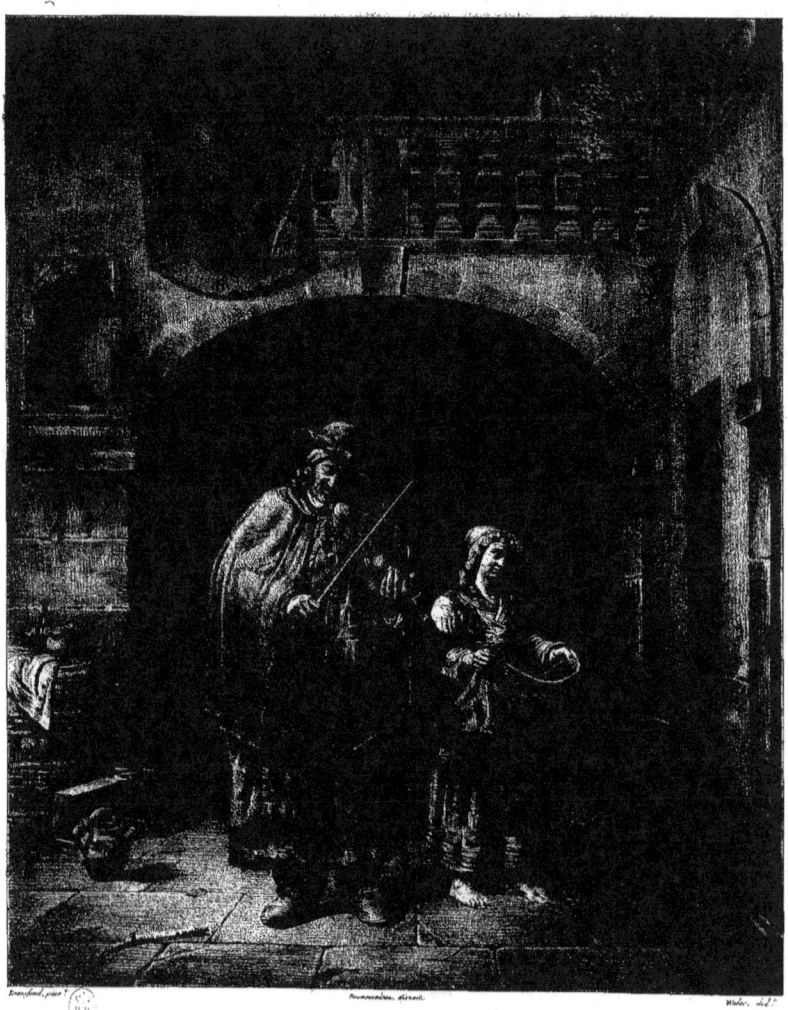

Le Vieillard Aveugle.
Conduit par sa petite Fille.

UN VIEILLARD AVEUGLE

CONDUIT PAR SA PETITE FILLE[1],

PAR M. BONNEFOND.

S'il ne falloit considérer ce tableau que sous le rapport du travail, on ne pourroit que louer le soin infini avec lequel toutes les parties en sont terminées; mais l'esprit et le goût demandent davantage. La peinture est un art libéral qui doit enfreindre les règles du métier, pour suivre les inspirations du génie; et ce n'est point en s'appesantissant sur les détails, en comptant, pour ainsi dire, chaque coup de pinceau, que l'artiste parviendra à nous plaire, à nous émouvoir : un beau désordre est préférable à un arrangement trop méthodique. La rusticité vaut souvent mieux que la mignardise, et il faut négliger quelquefois les accessoires, pour ne point atténuer l'intérêt du sujet principal. Que ce soit lui qui attire seul les regards; que ce soit lui qui fixe seul toute l'attention, autrement le peintre aura manqué son but.

M. Bonnefond, dont les premiers ouvrages, comme ceux qu'il a exposés depuis, ont obtenu des suffrages flatteurs, parcequ'on y trouve le germe d'un talent précoce, et une manière de faire qui n'est pas sans mérite, bien qu'elle ait ses défauts; M. Bonnefond, disons-nous, semble n'être pas assez pénétré de cette vérité : il s'arrête aux détails, il s'y plaît, il y revient sans cesse, et sa touche, fatiguée par un travail si minutieux, n'arrive que refroidie aux parties essentielles de sa composition.

Certes, il seroit difficile de rendre avec plus d'exactitude tous ces haillons dont le vieil aveugle est affublé; les vêtements de la petite fille ne sont pas moins étudiés; mais sous ces draperies informes, peintes avec tant de soin, avec trop de soin sans

[1] Tableau peint sur toile; hauteur 3 pieds 1 pouce, largeur 2 pieds 4 pouces. Salon de 1819.

UN VIEILLARD AVEUGLE.

doute, on cherche en vain le mouvement du corps, le sentiment des lignes qui devroient indiquer le nu des figures, et dès-lors le goût est moins satisfait.

Nous ne prétendons point cependant décourager l'artiste par une critique trop sévère. Nous osons lui dire la vérité, parcequ'il est capable de l'entendre, et d'en profiter; et d'ailleurs, si le tableau de l'*Aveugle* a quelques parties foibles, il faut se rappeler qu'il est, pour ainsi dire, un ouvrage de *début*, et qu'à ce titre il doit être jugé avec d'autant moins de rigueur, que dans ses nouvelles compositions l'auteur a su éviter la plupart des défauts qui diminuent le mérite de celle-ci.

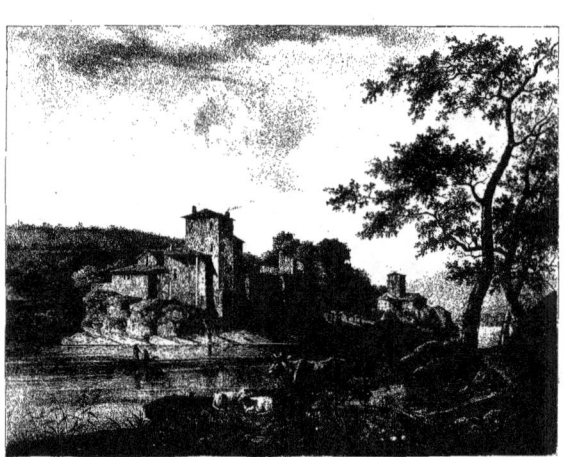

Vue de l'Ile Barbe.

VUE DE L'ILE BARBE[1],

PAR M. DE BOISSIEU.

L'auteur de ce tableau s'est plus fait connoître par son talent pour la gravure, et ses beaux dessins à l'encre de la Chine, que par des ouvrages de peinture. Toutefois, la *Vue de l'île Barbe* peut tenir une place distinguée parmi les paysages des maîtres de l'école moderne, soit par la vérité de la couleur, soit par la légèreté de la touche; on voit que l'artiste avoit étudié la nature avec fruit et que son habile pinceau en rendoit les effets avec précision.

Né à Lyon, en 1736, de parents nobles, Jean-Jacques de Boissieu montra de bonne heure le goût le plus décidé pour le dessin. Son père, qui le destinoit à la magistrature, voulut en vain s'opposer à ce penchant naissant; obligé de céder à la passion irrésistible de son fils, il le confia à Frontier, peintre d'histoire alors en réputation, qui étoit venu se fixer à Lyon. Bientôt les progrès rapides du jeune de Boissieu le mirent à même d'imiter, dans ses productions, la manière et le style de Vandevelde, de Karel-Dujardin, et de Ruisdael. Jaloux de se perfectionner dans son art, il vint à Paris à l'âge de vingt-quatre ans : il s'y lia avec Greuze, Vernet, Souflot, et d'autres artistes célèbres. Avide de leurs conseils, instruit par leurs exemples, il sut habilement en profiter.

De retour à Lyon, il se livra constamment à la gravure à l'eau forte. Un voyage qu'il fit ensuite en Italie lui fournit l'occasion d'enrichir son portefeuille et d'agrandir ses idées. Revenu sur le sol natal, il travailla avec plus d'ardeur, et ses ouvrages prouvèrent qu'il n'avoit pas en vain admiré les chefs-d'œuvre de la terre classique des beaux arts.

A cette époque, il peignit plusieurs tableaux ; mais l'emploi de l'huile étant contraire à la délicatesse de sa santé, il fut contraint d'y renoncer, et de se restreindre à la

[1] Tableau peint sur toile; hauteur 1 pied, largeur 9 pouces.

VUE DE L'ILE BARBE.

gravure et à la composition de dessins lavés, où il développa un talent si supérieur que les princes, les souverains, les amateurs les plus distingués de l'Europe s'empressèrent de rechercher ses productions.

Ses estampes, dans le genre de Rembrant, d'une touche originale et spirituelle sont d'un effet piquant; ses dessins, riches de détails, pittoresques d'ensemble, sont d'une composition savante.

De Boissieu mourut le 1er mai 1810, emportant dans la tombe, avec la réputation d'un artiste habile, d'un ami tendre, les regrets des hommes qu'il avoit aidés, soit de ses avis, soit de sa fortune; car il se montra toujours prêt à servir généreusement ceux qui recoururent à lui.

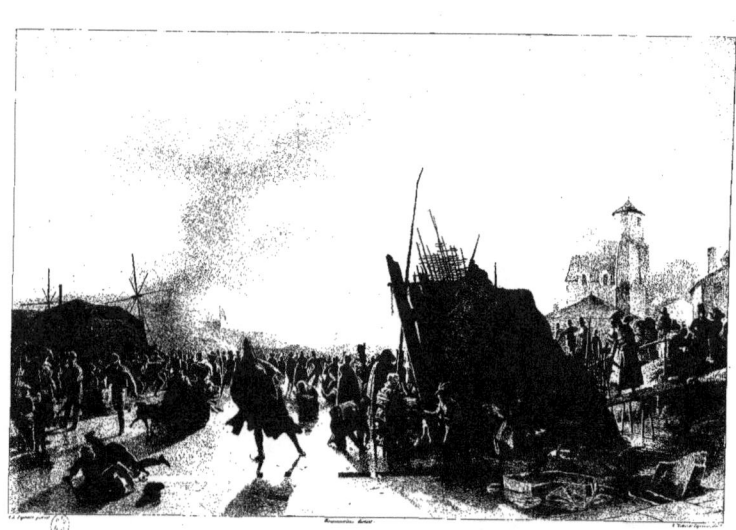

Les Patineurs.

LES PATINEURS,

PAR M. XAVIER LEPRINCE.

L'hiver au front triste et sauvage a secoué sa chevelure neigeuse ; les eaux se sont arrêtées dans leur cours ; et les fleuves et les ruisseaux n'offrent plus à leur surface qu'un parquet glissant et poli. Aussitôt jeunes et vieux, riches et pauvres, élégants citadins et grossiers villageois, tous se précipitent, tous courent ensemble sur le fragile miroir. Quelle confusion dans cette assemblée étrange ! quels applaudissements encouragent les patineurs adroits ! quelles huées suivent ceux dont chaque pas est marqué par une chute ! Tel est le spectacle que nous offre le tableau de M. Leprince. Sa touche spirituelle et facile a donné la vie, le mouvement, aux nombreux personnages dont son cadre est rempli. Ce ciel nébuleux et transparent tout à-la-fois, cette surface glacée, dont les reflets et les fractures sont indiqués avec une extrême fidélité, tout annonce dans ces détails un tact parfait de la part de l'artiste, et un soin particulier à rendre la nature avec tout ce qu'elle peut avoir d'original et de piquant dans les formes et dans les accidents.

A côté de ce tableau on en voyait un autre[3] du même auteur, au Salon dernier, qui n'est sorti du Louvre que pour aller décorer notre Musée vraiment français[4]. Cet ouvrage, l'un des plus remarquables de l'exposition, a placé M. Leprince parmi nos meilleurs peintres de genre. La carrière est maintenant glorieusement ouverte devant lui. Il peut prétendre à de nouvelles palmes ; mais il doit se défier de sa propre facilité. Il a un coloris frais et brillant, un pinceau ferme, une main exercée ; mais il n'étudie peut-être pas assez les détails propres à donner plus de relief aux figures : les transitions imperceptibles, les demi-teintes, qui donnent aux objets je ne sais quoi de plus arrondi, de plus vrai, lui échappent quelquefois. Le goût de M. Leprince lui dira mieux que nos observations rapides ce qui lui reste à faire pour se placer au premier rang parmi ceux dont il aspire à balancer les succès[5].

(1) Tableau peint sur toile ; hauteur 2 pieds 6 pouces, largeur 2 pieds. Salon de 1824.
(2) Anne, né à Paris, le 28 août 1799, élève d'un amateur, M. Avril.
(3) *Embarquement de bestiaux à Honfleur.*   (4) Le Luxembourg.
(5) On voit chez M. du Sommerard, amateur éclairé des arts et l'ami des artistes, un grand nombre de compositions de M. Leprince, qui toutes sont spirituelles et brillantes : *Le Carnaval*, entre autres, est de la plus piquante originalité.

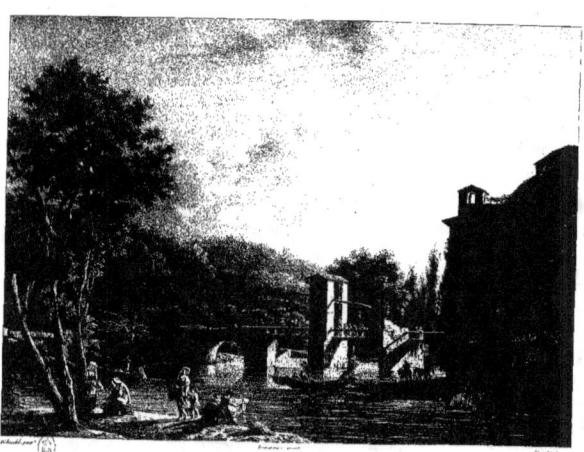

Vue prise dans l'Isle de Noa, dans le Royaume de Naples.

VUE PRISE DANS L'ILE DE SORA [1],

(ROYAUME DE NAPLES),

PAR M. BIDAULD [2].

Les belles campagnes de l'Italie, les sites sauvages de la Suisse et du Dauphiné, ont fourni à M. Bidauld les motifs de ses meilleurs ouvrages. Riche de souvenirs et d'études, il a souvent reproduit sur la toile, avec tout le goût d'un artiste éclairé, les pompeuses décorations ou les agrestes beautés des lieux qu'il a parcourus. Lors même qu'il réunit des parties éparses, choisies sur divers points, il en forme un ensemble si heureux, si pittoresque, que l'œil charmé y retrouve toujours ce caractère de vérité dont l'empreinte a quelque chose de si aimable et de si décevant.

La *Vue d'un Pont de l'Isola di Sora* est portrait, mais elle brille d'une teinte de poésie dont le peintre a su embellir les localités par la manière dont il a répandu la lumière sur son tableau, par la manière dont il en a ménagé les reflets et les accidents, et sur-tout par un coloris chaud, une touche large et ferme, qui font de cet ouvrage l'un des plus remarquables qui soient sortis de son pinceau. Au reste, les galeries de nos princes, nos musées, les cabinets particuliers, offrent un grand nombre des productions de M. Bidauld, et toutes annoncent une grande connoissance des ressources de l'art et des règles prescrites par la nature et par le bon goût jointe à une brillante exécution.

(1) Tableau peint sur toile; hauteur 2 pieds, largeur 18 pouces. Salon de 1824.
(2) Membre de l'Institut.

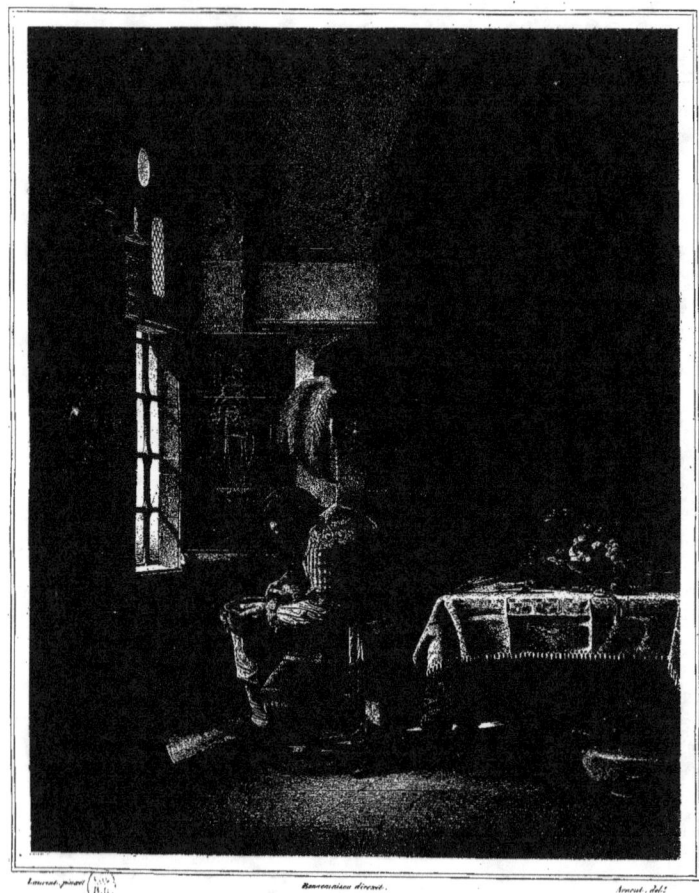

Le Masque de Fer.

L'HOMME AU MASQUE DE FER[1],

PAR M. LAURENT.

L'auteur des *Mémoires secrets*, La Grange-Chancel, Sainte-Foix, Voltaire, et d'autres écrivains encore, qui, sous le nom de *l'Homme au masque de fer*[2], ont désigné le personnage mystérieux que l'on retrouve dans le tableau de M. Laurent, semblent s'être tous trompés sur son rang et sur sa naissance : c'est du moins la conséquence qui doit résulter de mémoires plus récents, dans lesquels plusieurs faits historiques sont rapportés et discutés avec une judicieuse logique.

Mais que ce prisonnier soit le duc de Beaufort[3], ou le duc de Montmouth[4], fils de Charles II; qu'il soit le comte de Vermandois, fils naturel de mademoiselle La Vallière et de Louis XIV[5], ou enfin le frère même de ce monarque[6] : cela ne peut qu'ajouter un intérêt très secondaire à l'ouvrage du peintre; et certes, nous n'avons pas la prétention, en examinant avec impartialité cette gracieuse production, de déchirer entièrement le voile qui, malgré les opinions diverses, couvre encore le rang et le nom de *l'Homme au masque de fer*: nous sortirions des bornes qui nous sont imposées par la nature même de notre ouvrage.

Une anecdote reconnue généralement apocryphe, celle de l'assiette d'argent sur laquelle l'illustre proscrit, étant aux îles Sainte-Marguerite, auroit tracé le rapide récit de ses infortunes, a fourni à M. Laurent le sujet de sa composition.

Le prisonnier, assis devant une croisée, y est représenté écrivant sur l'assiette le

---

[1] Tableau peint sur toile; hauteur 1 pied 8 pouces, largeur 1 pied 4 pouces. Salon de 1814.
[2] Son masque étoit de velours noir, et garni seulement de ressorts d'acier.
[3] Voyez une lettre de La Grange-Chancel à Fréron.
[4] Voyez Sainte-Foix.
[5] Lisez les *Mémoires secrets*.
[6] *Soulavie*, rédacteur des prétendus mémoires du duc de Richelieu, dit que la reine Anne d'Autriche accoucha d'un second fils huit heures après la naissance du prince qui régna sous le nom de Louis XIV. Il nous apprend quelles furent les raisons politiques qui déterminèrent Louis XIII à couvrir d'un mystère impénétrable la naissance de ce second prince, qui ressembloit d'une manière frappante à son frère jumeau. Les détails qu'il donne à ce sujet sont aussi curieux qu'intéressants.

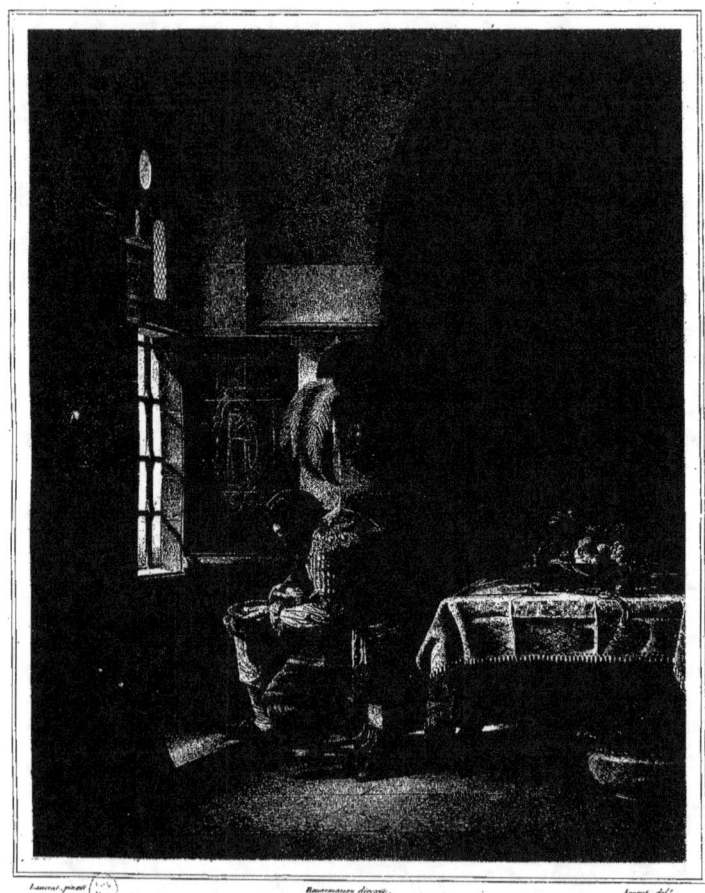

Le Masque de Fer.

L'HOMME AU MASQUE DE FER[1],

PAR M. LAURENT.

L'auteur des *Mémoires secrets*, La Grange-Chancel, Sainte-Foix, Voltaire, et d'autres écrivains encore, qui, sous le nom de *l'Homme au masque de fer*[2], ont désigné le personnage mystérieux que l'on retrouve dans le tableau de M. Laurent, semblent s'être tous trompés sur son rang et sur sa naissance : c'est du moins la conséquence qui doit résulter de mémoires plus récents, dans lesquels plusieurs faits historiques sont rapportés et discutés avec une judicieuse logique.

Mais que ce prisonnier soit le duc de Beaufort[3], ou le duc de Montmouth[4], fils de Charles II ; qu'il soit le comte de Vermandois, fils naturel de mademoiselle La Vallière et de Louis XIV[5], ou enfin le frère même de ce monarque[6] : cela ne peut qu'ajouter un intérêt très secondaire à l'ouvrage du peintre ; et certes, nous n'avons pas la prétention, en examinant avec impartialité cette gracieuse production, de déchirer entièrement le voile qui, malgré les opinions diverses, couvre encore le rang et le nom de *l'Homme au masque de fer* : nous sortirions des bornes qui nous sont imposées par la nature même de notre ouvrage.

Une anecdote reconnue généralement apocryphe, celle de l'assiette d'argent sur laquelle l'illustre proscrit, étant aux îles Sainte-Marguerite, auroit tracé le rapide récit de ses infortunes, a fourni à M. Laurent le sujet de sa composition.

Le prisonnier, assis devant une croisée, y est représenté écrivant sur l'assiette le

---
(1) Tableau peint sur toile ; hauteur 1 pied 8 pouces, largeur 1 pied 4 pouces. Salon de 1814.
(2) Son masque étoit de velours noir, et garni seulement de ressorts d'acier.
(3) Voyez une lettre de La Grange-Chancel à Fréron.
(4) Voyez Sainte-Foix.
(5) Lisez les *Mémoires secrets*.
(6) *Soulavie*, rédacteur des prétendus mémoires du duc de Richelieu, dit que la reine Anne d'Autriche accoucha d'un second fils huit heures après la naissance du prince qui régna sous le nom de Louis XIV. Il nous apprend quelles furent les raisons politiques qui déterminèrent Louis XIII à couvrir d'un mystère impénétrable la naissance de ce second prince, qui ressembloit d'une manière frappante à son frère jumeau. Les détails qu'il donne à ce sujet sont aussi curieux qu'intéressants.

L'HOMME AU MASQUE DE FER.

secret de son sort. Son masque est suspendu au mur de sa chambre; mais les longs cheveux qui couvrent son visage ne permettent point de reconnoître ses traits [1]. Ses vêtements sont d'une élégance remarquable, tout ce qui l'entoure annonce une recherche peu commune, une sorte de luxe dont sont privés les prisonniers vulgaires. A cette table couverte d'un tapis moelleux et de la toile la plus fine, à ces coupes de crystal remplies de fruits exquis, à ces flacons de liqueurs qui rafraîchissent dans un vase de porphyre, à ces livres, à ces meubles, à cette guittare placée auprès du mystérieux captif, on reconnoît ces soins assidus, ces attentions délicates, dont un prisonnier d'un rang élevé peut être seul l'objet.

La figure de l'inconnu, naturelle dans sa pose, a dans tout son ensemble quelque chose de mélancolique et de doux : elle est peinte avec autant de grace que de vérité. Tous les accessoires sont traités avec goût, et ce fini qui semble être le caractère particulier de la manière de M. Laurent. Peut-être voudroit-on quelques tons plus chauds dans cet ouvrage. Toutefois, il faut bien faire observer qu'un demi-jour éclairant à peine l'appartement du prisonnier, le peintre a dû donner à ses lumières plus de suavité que d'éclat, et qu'alors sans doute un coloris plus brillant, plus vigoureux, n'eût pas produit un effet aussi heureux que celui qu'il a su répandre sur ce cadre charmant, en n'employant que des tons sourds et vaporeux.

[1] Cet artifice du peintre est d'autant plus heureux, qu'il laisse le spectateur dans le doute, et ne lui permet pas d'avoir une opinion plus fixe et plus certaine sur ce prisonnier, que tous les écrivains qui s'en sont occupés. En offrant à découvert les traits du proscrit, il auroit fallu trancher une question qu'il n'appartenoit pas à l'artiste de résoudre.

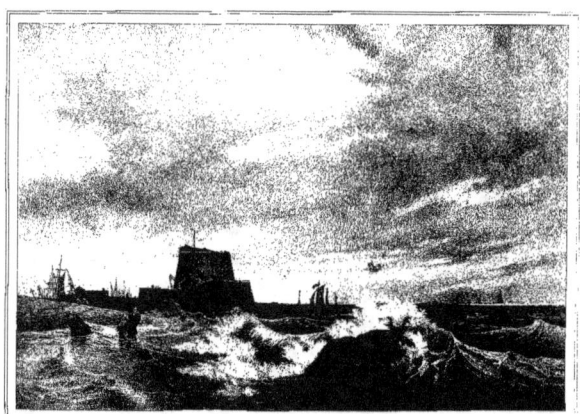

Vue du Fort d'Ambleteuse.

VUE DU FORT D'AMBLETEUSE[1].

PAR M. LOUIS GARNERAY[2].

———

La *Barre de Bayonne*, les *Pontons anglois*, l'*Entrée du Port de Dunkerque*[3], parurent au Salon de 1824, comme un témoignage éclatant des heureux progrès qu'a fait dans son art M. Louis Garneray. Tous ces ouvrages d'une exécution vigoureuse, d'un bel effet, ne sont pas moins remarquables par les oppositions pittoresques qu'on y découvre. Quoique ces tableaux ne soient que des marines, on peut dire, sur-tout de la *Barre de Bayonne* et des *Pontons anglois*, qu'ils sont *bien pensés;* en effet, ils offrent dans toutes leurs parties un intérêt moral qu'on ne trouve pas toujours à un égal degré dans des compositions dont le genre le réclame davantage.

Auprès de ces belles pages, le même salon présentoit encore plusieurs petits cadres de M. Garneray, dont aucun n'est touché avec plus de finesse que celui qui offre la *Vue du Fort d'Ambleteuse*: le ciel en est léger et diaphane, les eaux en sont limpides et transparentes, on diroit qu'on ressent l'effet de la brise qui les soulève et qui pousse la vague sur le rivage. Les deux figures placées dans ce cadre sont touchées très spirituellement, et elles attestent de la facilité du talent de l'artiste. La *Vue du Fort d'Ambleteuse* n'est point une de ces grandes pages où le peintre, en cherchant à déployer les ressources de son génie et de son art, ne laisse voir souvent que d'ambitieuses prétentions : c'est une production charmante où tout est bien et au-dessus de la critique.

L'artiste a prouvé dans cette circonstance qu'il étoit docile aux avis, et que sur-tout la nature ne lui parloit pas en vain. Nous le félicitons de ce succès qui lui en promet d'autres.

A peine âgé de treize ans il parcourut les mers. Dans ses excursions lointaines il

---

(1) Tableau peint sur bois; hauteur 1 pied, largeur 1 pied 3 pouces. Salon de 1824.
(2) Né à Paris en 1782.
(3) Ce tableau appartient à MM. Sazerac et Duval.

VUE DU FORT D'AMBLETEUSE.

visita tous les parages connus depuis le Cap de Bonne-Espérance jusqu'à la Chine. Fait prisonnier sur un vaisseau françois dont l'équipage ne se rendit aux Anglois qu'à la dernière extrémité, il languit pendant neuf années au fond d'un ponton infect. Il avoit reçu de son père quelques éléments de dessin. Guidé par son goût, il s'occupa pendant sa longue captivité à acquérir quelques nouvelles connoissances dans un art qui lui étoit déja si cher: ses efforts ne furent point infructueux. Rendu à sa famille, à son pays, en 1814, ses essais furent honorablement accueillis par S. A. R. Mgr le duc de Berri. Encouragé par l'auguste suffrage du Prince, le peintre se livra tout entier à l'étude avec une nouvelle ardeur: il en recueille aujourd'hui le prix.

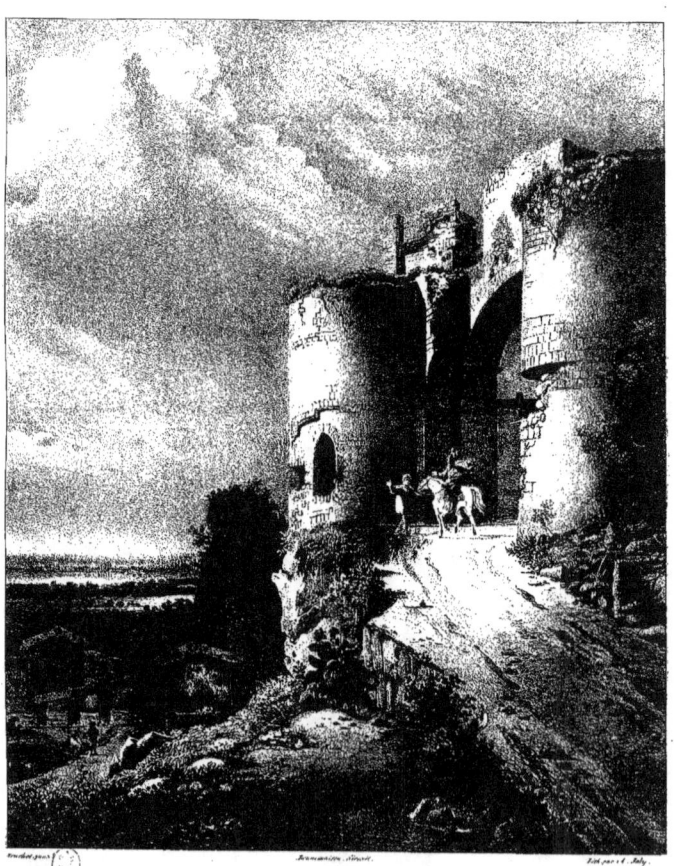

Ruines du Château des quatre fils Aymon.

VUE DES RUINES D'UN CHATEAU
DES QUATRE FILS AYMON[1].

PAR M. TRUCHOT.

L'histoire des quatre fils Aymon a charmé tous les rangs, a été l'entretien de tous les âges : les troubadours ont chanté ces nobles frères dans leurs virelais et dans leurs balades, les gentes dames ont redit leurs hauts faits aux damoiseaux qui aspiroient à l'honneur de leur plaire, les paladins les ont offerts en exemple à leurs enfants ; enfin, leur nom immortel s'est élevé au-dessus de l'abyme des temps, et réveille mille souvenirs de gloire, de valeur, et d'amour pour la patrie. Ils partagent avec Géneviève de Brabant l'honneur d'occuper tous les récits populaires ; et, graces à l'almanach de Liège, il n'est pas une bourgade, un hameau, une chaumière, où l'on n'entende prononcer avec admiration le nom des fils d'Aymon.

Mais de tout ce que fonda leur puissance il ne reste que des ruines : et si leurs vertus, leur mâle courage, leur amour fraternel, ne leur eussent élevé un monument indestructible et à l'abri des outrages du temps, ils seroient, comme tant d'autres seigneurs féodaux dont ils furent les contemporains, ensevelis dans la poussière et ignorés de la postérité.

On veut que deux tours en ruines, que l'on montre sur les bords de la Dordogne et dans le voisinage de Saint-André de Cubzac, soient les débris de la demeure respectée de ces quatre frères. Ce sont ces tours que le temps ravage et détruit chaque jour davantage, que les ronces et le lierre tapissent ensemble de leurs festons enlacés, que nous offre le tableau de M. Truchot : elles s'élèvent sur un monticule pierreux au sommet duquel on n'arrive que par un chemin escarpé. Au

---

[1] Tableau peint sur toile; hauteur 1 pied, largeur 1 pied 3 pouces. Salon de 1819.

RUINES D'UN CHATEAU DES QUATRE FILS AYMON.

dessous du château on découvre quelques habitations villageoises, et la campagne, que la Dordogne traverse de ses eaux, se déploie au-delà. Les rayons du soleil, se frayant difficilement un passage à travers des nuages épais, éclairent mystérieusement l'antique manoir. Des effets bien entendus, une touche libre et large, une couleur vigoureuse et transparente, voilà les qualités qui distinguent cet ouvrage, dont l'apparition promit à notre école et aux arts un peintre de plus. Pourquoi la mort a-t-elle si tôt éteint de si belles espérances?

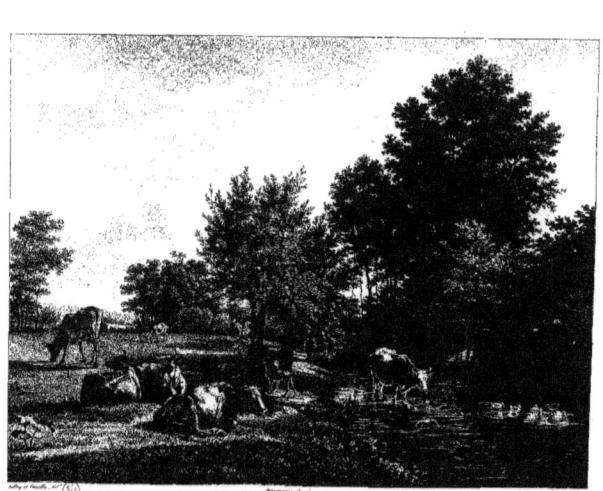

ANIMAUX DANS UNE PRAIRIE,

PAR M. BERRÉ.

Finesse de touche, vérité de ton, coloris harmonieux et argenté, voilà toutes les qualités qui se trouvent réunies dans ce petit cadre aussi précieux par l'exécution, que remarquable par les détails. La vache qui se tient au milieu du ruisseau est d'un dessin parfait, la petite paysanne est charmante, et sa pose est pleine de naïveté. La prairie est touchée avec une adresse de pinceau inimitable, et les arbres, cette partie que néglige quelquefois M. Berré, s'ils ne sont pas d'une couleur exempte de critique, forment une masse agréable qui se dessine largement sur le fond lumineux.

De nouveaux ouvrages de M. Berré ont pu prouver, dans nos dernières expositions, qu'il ne restoit pas inactif : on y a reconnu même le talent d'un peintre qui voit bien la nature; mais on y a cherché quelques unes des qualités aimables et solides tout à-la-fois que présente celui dont nous offrons ici la copie.

(1) Tableau peint sur toile; hauteur 1 pied, largeur 1 pied 3 pouces. Salon de 1819.

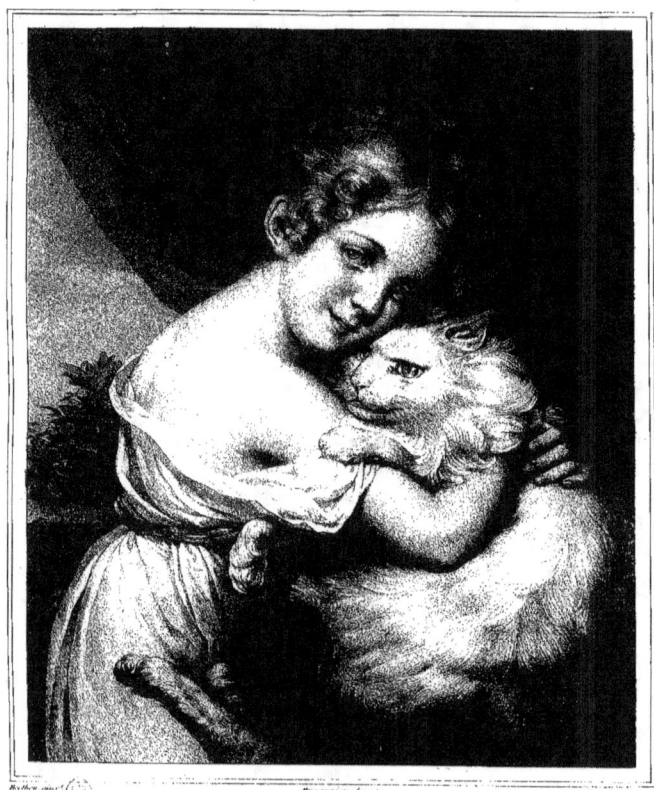

Jeune enfant caressant un Chat.

JEUNE ENFANT
CARESSANT UN CHAT¹,

PAR M. BERTHON.

Cette gracieuse composition se fait distinguer par l'éclat du coloris, la finesse de la touche, et la naïveté de la pose : le regard, le sourire, tout exprime dans cette aimable enfant le plaisir qu'elle éprouve à caresser cet énorme angora. Nous ignorons si c'est un portrait que nous offre le tableau de M. Berthon ; toutefois nous serions portés à le croire. Il y a dans la figure de la jeune fille un caractère qui n'a rien d'idéal ; on n'invente point de la sorte : la vérité porte avec elle un cachet particulier qu'il est bien difficile d'imiter. Si, comme nous le pensons, M. Berthon n'a fait que peindre un *modèle*, son peinceau à prêté mille charmes à la nature. Jamais rien de plus suave ni de plus étudié n'est sorti de ses mains, et l'on retrouve dans cet ouvrage, quelque peu important qu'il soit, tout le talent qui créa le tableau d'*Angélique et Médor*².

(1) Tableau peint sur toile; hauteur 1 pied 9 pouces, largeur 1 pied 5 pouces. Salon de 1824.
(2) Exposé en 1814.

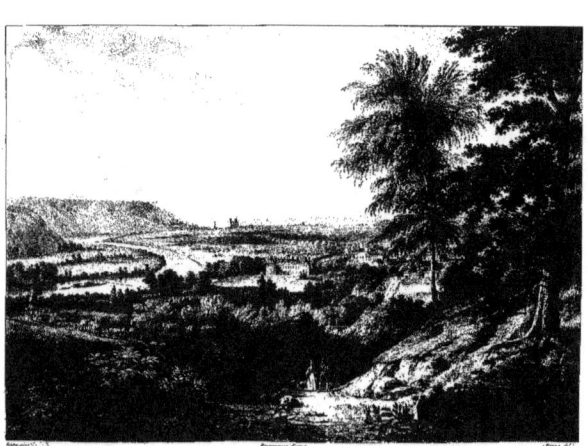

Vue du Château de Rosny

VUE DU CHATEAU DE ROSNY[1],

PAR M. LOUIS RICOIS.

Auprès de celui d'Henri IV, le nom de Sully brille d'un éclat immortel. Ami de son roi, il n'en fut point le flatteur, et connut trop bien les intérêts du trône pour oser cacher au souverain les besoins de ses peuples! la royauté n'eut jamais de plus zélé défenseur, jamais les droits de la nation n'eurent de plus ferme appui. La mémoire de ce vertueux ministre, qui a trouvé si peu d'imitateurs, sera religieusement conservée parmi les François; et jusque dans la postérité la plus reculée, nos neveux ne parleront qu'avec admiration du compagnon, de l'ami du grand roi.

Le château qu'habita Sully ne brille point par la pompe de l'architecture; mais il est encore plein des souvenirs d'un homme de bien. C'est là qu'il vit le jour, c'est là qu'il vécut dans la retraite, respecté de tous les partis, et son nom seul a suffi pour répandre sur cette demeure un attrait à nul autre égal.

Il semble qu'il soit dans la destinée du château de Rosny d'être, dans tous les temps, l'asile des vertus les plus nobles et les plus touchantes : restauré par les soins d'une princesse qui joint à la plus plus douce affabilité les graces les plus aimables, l'esprit le plus élevé, l'ame la plus généreuse, ce château s'embellit moins des ornements que les arts y répandent que des vertus de son auguste maîtresse. Dans cette retraite, elle marque tous ses jours par des institutions utiles, et par de nouveaux bienfaits. Là, c'est une école ouverte à l'enfance; ici, des secours distribués aux pauvres, aux infirmes, aux vieillards; ailleurs, c'est une chapelle consacrée par l'amour conjugal à la mémoire d'un prince qui, s'il eût occupé le trône où sa naissance l'appeloit un jour, nous auroit rendu les plus beaux temps du règne du Béarnois. Tout parle à Rosny de la douleur, de la générosité de la princesse!

M. Ricois à retracé avec fidélité le paysage vaste et pittoresque au milieu duquel s'élève l'antique manoir, et son tableau, d'une couleur agréable, reproduit avec assez de bonheur le site et les aspects variés d'une riche nature.

(1) Tableau peint sur toile; hauteur 1 pied 6 pouces, largeur 2 pieds.

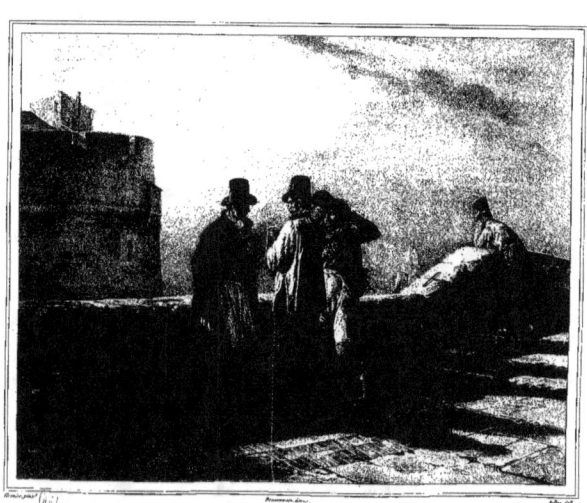

Groupe de Morens

GROUPE DE MARINS[1],

PAR M. GRENIER.

Nous l'avons dit, nous le répétons encore, la vérité dans les arts est une qualité précieuse, indispensable. On est revenu de ces compositions singulières où le peintre, ne consultant que les caprices de la mode, ajustoit les figures, les draperies, les murs, les jardins, les ciels même, non pas comme la nature les lui présentoit, mais comme on étoit convenu (par un système qui conduisoit chez nous la peinture à sa ruine) de les représenter. Le temps, la raison, ont fait justice de ces productions bizarres, et les noms de ceux qui, pendant le règne de Louis XV, ont été vantés par des coteries dont ils étoient les idoles, sont presque tous maintenant voués au ridicule ou tombés dans l'oubli.

Nos jeunes artistes ne vont pas chercher leurs inspirations dans tel ou tel cercle, près de tel ou tel protecteur : la nature est leur guide; son imitation fidèle est leur loi. Assurés de plaire en reproduisant ses traits distincts, ses accidents variés, sa couleur vraie, ils se renferment dans les limites qu'elle trace autour d'eux.

C'est ce caractère simple et naïf qui fait le mérite du tableau de M. Grenier : on peut dire sans métaphore que ses matelots sont *parlants*: ils n'ont pas seulement le costume de leur état, ils en ont les gestes, les mœurs franches et grivoises. Ils ont plus d'une fois bravé les flots et les tempêtes. Arrivés au port, ils aspirent à de nouveaux périls ! Ce tableau est d'un ton argentin, d'une finesse de couleur et de touche qui, malgré son peu d'importance, en font un ouvrage aussi remarquable que précieux.

(1) Tableau peint sur toile; hauteur 1 pied, largeur 1 pied 3 pouces. Salon de 1824.

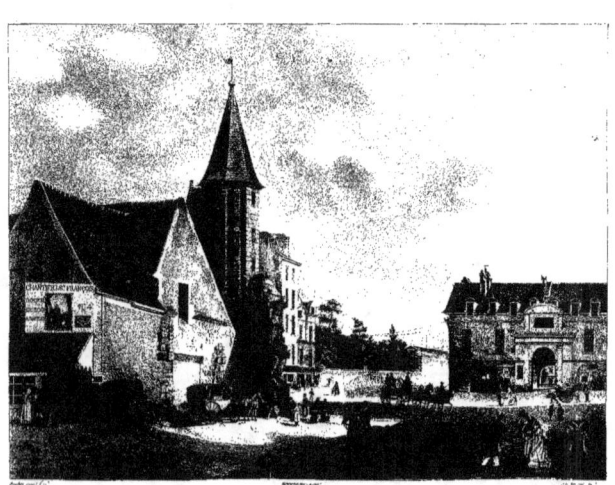

Vue de la Place St Victor à Paris.

LA FONTAINE SAINT-VICTOR

PRÈS LE JARDIN DES PLANTES[1],

PAR M. BOUHOT[2].

La fontaine s'élève à gauche du spectateur sur le premier plan du tableau ; au-delà, se développe la place Saint-Victor, dont la perspective est bornée, sur la droite, par l'hôpital de la Pitié ; enfin, les murs du Jardin du Roi s'enfoncent dans l'horizon. Telle est l'ordonnance des lignes, telle est la disposition simple et bien calculée de cette composition ; un ciel lumineux et pur remplit l'espace, l'air circule librement à l'entour des édifices, et l'on ne peut qu'applaudir au parti pris par l'artiste pour la distribution des lumières, et les effets qu'il en a su tirer. Il est impossible de pousser plus loin l'illusion de l'optique ; et c'est véritablement par cet endroit qu'il se montre à-la-fois observateur exact de la nature, et profond dans l'art des ombres, du clair-obscur, et de la perspective. La touche de M. Bouhot est large et suave, son coloris est harmonieux et brillant ; et si, dans la *Vue de la Fontaine de Saint-Victor,* il eût donné plus de légèreté au feuillé des arbres qui s'élèvent au-dessus des murs du Jardin du Roi, s'il eût plus étudié les poses de ses figures, ce tableau seroit exempt de toute critique ; il est d'ailleurs, dans ses autres parties, dont tous les effets sont rendus avec autant de bonheur que de précision, digne du pinceau qui a exécuté la *Vue de la Chapelle de la Vierge à Saint-Sulpice*[3].

Aussi modeste que laborieux, M. Bouhot, malgré les succès flatteurs qu'il a déjà obtenus, poursuit ses travaux et ses études avec une constance qui lui promet des triomphes nouveaux.

Né de parents sans fortune, il commença à Recey-sur-Ource, où il avoit été élevé,

---

(1) Tableau peint sur toile ; hauteur 2 pieds 2 pouces, largeur 2 pieds 10 pouces. Salon de 1819.
(2) Né à Bard-les-Espoisse (Côte-d'Or), en 1780.
(3) Ce tableau fait partie de la galerie du Luxembourg.

LA FONTAINE SAINT-VICTOR.

à travailler chez le peintre vitrier du lieu. Son maître n'ayant pas assez d'ouvrage pour l'occuper, le renvoya. Alors le jeune Bouhot entra dans une fabrique de chapeaux; mais, entraîné par une puissance intérieure qui maîtrisoit sa propre volonté, il sortit bientôt de cette manufacture, et se rendit à Dijon, chez un peintre en bâtiments. C'est là qu'il acquit les premières notions du dessin, et conçut ce goût pour le beau dans les arts d'imitation, dont toutes ses productions portent l'empreinte. Il vint en 1801 à Paris, et fut employé comme peintre de décors dans plusieurs théâtres et dans les palais du gouvernement. Il fit, sans aucun maître, et seulement par le secours de ses lumières et les conseils de ses amis, des progrès si rapides, que M. Prevôt, l'ingénieux inventeur des panoramas, l'associa à ses travaux dans l'exécution de ceux de Rome, de Tilsitt, de Wagram, et d'Anvers. De ce moment, M. Bouhot n'a plus compté que des succès dans la carrière où il est entré.

En 1810, une médaille d'or lui a été décernée; en 1817, il en a obtenu une autre. Les villes d'Arras, de Douai, de Lille, lui en ont accordé, à diverses époques, pour les tableaux qu'il a envoyés à leurs expositions solennelles.

Les ouvrages les plus remarquables de ce peintre sont, après celui dont nous donnons la copie, et la *Chapelle de la Vierge à Saint-Sulpice*[1], la *Vue d'une Maison de roulage et du Jardin Beaumarchais*[2], appartenant à S. A. S. Monseigneur le Duc d'Orléans; la *Vue de la Pompe-à-feu au Gros-Caillou*[3]; la *Maison de M. Odiot*[4], et plusieurs compositions commandées pour la décoration intérieure des palais du Roi et des Princes.

(1) Le peintre possède une esquisse terminée et d'un travail exquis de ce beau tableau, qui, au salon de 1822, réunit tous les suffrages.
(2) Salon de 1817.
(3) Cet ouvrage fut acheté en 1814 par S. A. R. Monseigneur le Duc de Berry.
(4) Salon de 1822.

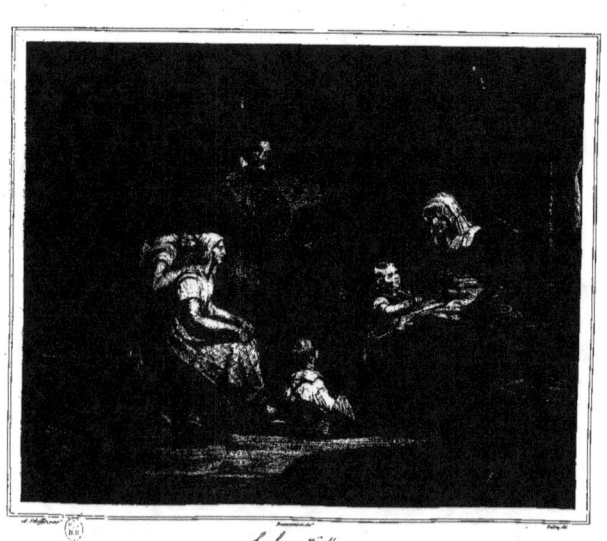

La bonne Vieille

LA BONNE VIEILLE[1],

PAR M. SCHEFFER AINÉ.

Arrêtez-vous un moment dans cette demeure hospitalière. L'orgueil, le luxe et l'intrigue ne l'habitent point : la paix et l'innocence y régnent ensemble. Les vains desirs, les folles espérances, les prétentions ridicules, n'empoisonnent pas les jours des hôtes modestes qui, dans l'ombre, y pratiquent les plus douces vertus, y suivent la plus sainte morale. Mais qui leur inspira ces goûts si purs, ces vertus si précieuses? Leur mère, leur aïeule : toute sa vie fut consacrée au bien, et son exemple n'a point été perdu pour ses enfants. Souriant aux souvenirs de son jeune âge, elle arrête auprès d'elle par ses chansons aimables, et son fils, heureux du bonheur de sa vieille mère, et les filles de ce fils bien aimé, qui répètent doucement les refrains de la bonne vieille, et ces petits enfants, qui suspendent leurs jeux pour écouter la voix chevrotante, mais encore agréable, de celle qui chaque jour préside à leurs amusements et dissipe leurs jeunes chagrins.

Tel est le tableau touchant que nous offre l'œuvre de M. Scheffer. Inspiré par les chants d'un poëte[2], dont les vers, n'en déplaise à Thémis, ont dès long-temps gagné leur cause au tribunal du goût, le jeune peintre a déployé dans cette charmante page et la facilité du plus aimable talent et le sentiment le plus profond et le plus vrai.

La figure du fils, dont les regards cherchent ceux de la bonne vieille, les têtes des jeunes filles, sont d'un style noble et touchant, et de la couleur la plus suave. Les négligences même de la touche de l'artiste ajoutent un attrait particulier à cette production. Tout y semble fait de verve et d'inspiration. On contemple avec intérêt cette heureuse famille ; on partage son bonheur, et l'on redit, en empruntant quelques expressions au poëte[3],

> Ah ! bonne vieille, auprès d'un feu paisible,
> De ton ami dis long-temps les chansons!

[1] Tableau peint sur toile; hauteur 1 pied 6 pouces, largeur 1 pied 10 pouces. Salon de 1824.
[2] Béranger.
[3] *Les Bourgeois de Calais*, *Gaston de Foix trouvé mort après la victoire de Ravenne*, grandes et belles compositions, prouvent que, dans plus d'un genre, M. Scheffer peut prétendre à des succès glorieux. Plusieurs de ses tableaux historiques ornent les palais du Gouvernement, comme ses petits cadres décorent les cabinets des plus riches amateurs.

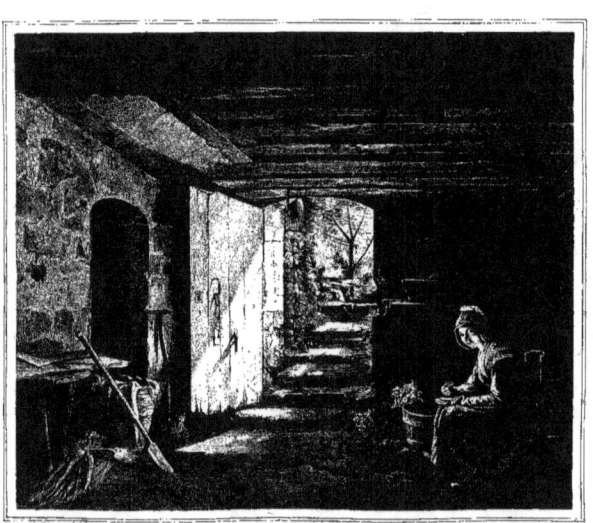

Vue d'une Cave de Maraicher

ÉTUDE D'APRÈS NATURE[1],

PAR M. AUGUSTE DESMOULINS.

Si dans le tableau dont nous reproduisons ici l'ensemble, sans pouvoir peut-être lui donner cet attrait qu'il tient de la couleur et de cette lumière si vraie dont le pinceau de l'artiste a su l'embellir; si, disons-nous, dans cette étude, M. Desmoulins n'a voulu que se montrer fidèle imitateur de la nature, en déployant cependant la richesse de sa palette et la vigueur de sa touche, il est d'autres ouvrages de lui (et ils sont déjà nombreux), où il s'est élevé à une haute pensée, où il a laissé paroître autant de goût que d'instruction dans le choix et l'arrangement des sujets.

L'auteur de *la Cave du maraicher*, celui qui a dessiné si naïvement la figure de cette jardinière qui compte avec satisfaction les bénéfices de la journée; celui qui a peint si franchement ces murs humides et rocailleux, se plaît aussi à peindre des héros, des princesses sous les lambris dorés de leurs somptueux palais. Observateur rigoureux des mœurs du temps, il nous représente ses personnages avec le costume, avec les traits qui leur sont propres; et dans ce genre, où l'idéal même ne seroit point une faute, il ne cherche qu'à reproduire ce que les traditions, les chroniques lui enseignent. Ses charmants tableaux ne sont, pour ainsi dire, qu'une traduction brillante de nos vieux historiens. *François Ier au tombeau de Françoise de Foix*, *Le Sueur peignant la vie de saint Bruno*[2], *le siège de Rhodes*, *le grand Condé prisonnier à Vincennes*, *l'anneau d'Élisabeth*[3], et vingt autres encore qui font l'honneur des cabinets les plus précieux, attestent du goût et du talent facile de M. Desmoulins: un sentiment de mélancolie domine dans presque tous ces ouvrages, et ajoute au mérite d'une exécution soignée, d'une couleur harmonieuse, d'un dessin élégant et pur, celui d'un charme mystérieux dont on sent la puissance, sans pouvoir la définir.

(1) Tableau peint sur toile; hauteur 1 pied 6 pouces, largeur 1 pied 8 pouces.
(2) Salon de 1819.
(3) Salon de 1824.

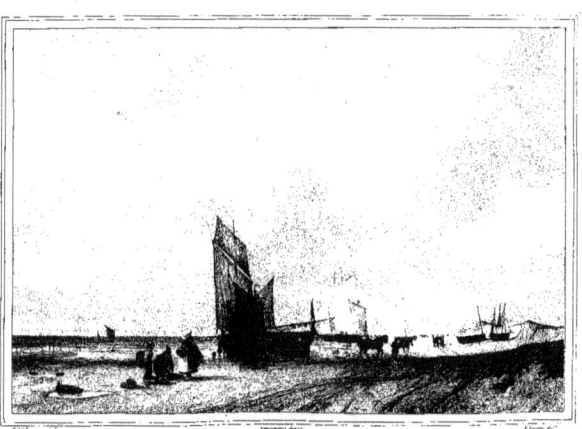

Vue Marine

UNE MARINE[1],

PAR M. EUGÈNE ISABEY[2].

L'auteur de ce tableau porte un nom depuis long-temps célèbre dans les arts. Dirigé par le goût et le talent supérieur de son père, ses débuts ont été marqués par les succès les plus flatteurs et les plus mérités. Les aquarelles de M. Isabey brillent d'esprit, de finesse et de charmes. On ne sait lequel admirer le plus ou de la grace des compositions, ou de la fraîcheur du coloris, ou de l'art des ajustements. Dans un autre genre, son fils l'égale en finesse, en esprit, en vérité. Les marines du jeune Isabey, des salons du Louvre, où elles ont été l'objet des plus honorables suffrages, ont passé dans les galeries les plus considérables.

Celle dont nous offrons ici la copie réunit toutes les qualités que l'on exige dans ce genre. Le peintre semble s'être approprié la manière des Hollandois. Ce n'est point un imitateur servile, c'est un traducteur habile qui ajoute aux beautés de l'original toute l'originalité de son propre talent. Un ciel brillant de lumière, des eaux dont le miroir transparent réfléchit les accidents des rayons lumineux, des figures dessinées avec un esprit tout particulier : voilà ce qui fait de ce tableau un ouvrage charmant et qu'on ne peut trop louer. Émule et rival des Gudin, des Gassies, des Garnerey, qui suivent la carrière où il est entré, M. Eugène Isabey ne doit craindre dans cette production agréable aucune comparaison; elle ne pourroit que lui faire honneur!

[1] Tableau peint sur toile; hauteur 1 pied 1 pouce, largeur 1 pied 8 pouces. Salon de 1824.
[2] Né à Paris en 1802.

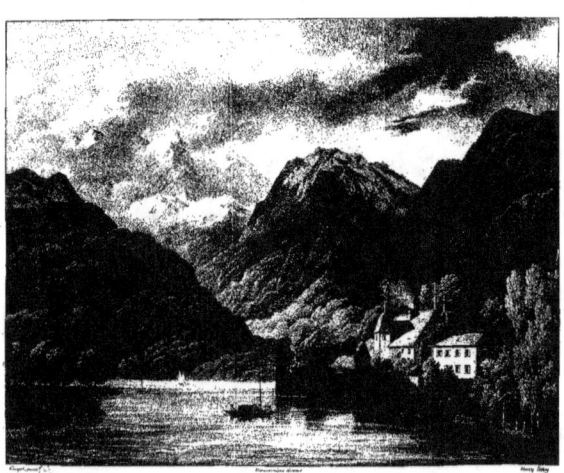

Vue du Lac de Thun

VUE DU LAC DE THUN[1],

PAR M. GUYOT.

La Suisse est devenue le but général des promenades des riches oisifs, des malades, des savants, des naturalistes, des peintres et des poëtes de toutes les nations. Anglois, Russes, François, Américains, tous se trouvent ensemble sur les sommets du Saint-Gothard, au pied de la Jungfrau, devant les chutes du Giesbach ou du Pisse-Vache. Chacun emporte de ces lieux ce qu'il y vient chercher: l'un une santé moins languissante; l'autre de nouvelles observations sur les grands phénomènes de la nature; celui-ci des pétrifications, des marbres, des plantes dont il enrichit ses collections; celui-là des souvenirs de patriotisme et d'indépendance qui lui inspirent de beaux vers; cet autre enfin des croquis que ses pinceaux ou ses crayons se plaisent ensuite à reproduire sous mille aspects divers.

C'est le lac de Thun que nous offre le tableau de M. Guyot. Le caractère de cette nature large, âpre et sauvage, qui distingue si éminemment les sites de la Suisse, y est empreint; c'est une image fidèle des lieux que le peintre a vus; il a choisi habilement sur sa palette les couleurs qui convenoient aux localités. Il n'a point altéré la vérité; il l'a rendue simple et grande comme elle s'est présentée à ses regards.

---

(1) Tableau peint sur toile; hauteur 1 pied 1 pouce, largeur 1 pied 8 pouces.

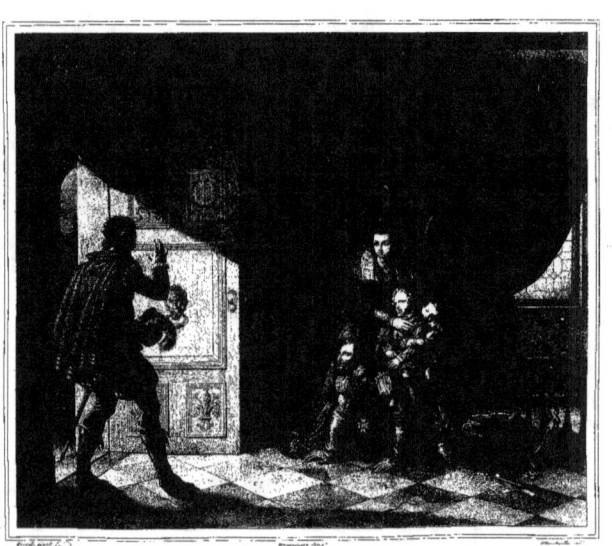

"Monsieur, avez-vous des enfants?"

HENRI IV ET SES ENFANTS[1],

PAR M. REVOIL.

Un charme inexprimable semble être attaché à tout ce qui rappelle Henri IV : plus on parle de lui, plus on en veut parler encore. Les moindres détails de sa vie privée ont un attrait à nul autre semblable : on y retrouve l'empreinte de cette confiance, de cette bonté, de cette franchise, qui le rendoient respectable et cher, même à ses ennemis[2]. Quel roi montra plus que lui dans les circonstances difficiles une patience inaltérable, une énergique fermeté? Quel prince s'occupa jamais autant que lui du bonheur de ses sujets? Cependant, il ne faut point le taire, l'amour, cette passion dont il fut toujours dominé, ternit quelquefois l'éclat de ses grandes vertus, et lui fit commettre des fautes; mais on aime à lui pardonner ses erreurs, parceque, pour me servir de l'expression d'un homme d'esprit, « l'extrême bonté formoit le fonds de son « caractère, et que ses foiblesses prenoient leur source dans un cœur qui aima son « peuple autant que ses maîtresses. »

Il étoit naturel qu'un prince du sang de Henri IV, et qui, sous tant de rapports, pouvoit lui être glorieusement comparé, se plût à s'entourer des images qui reproduisoient à ses yeux les vertus aimables du bon roi. Comme Henri, simple dans ses mœurs et dans ses goûts, confiant, humain, accessible à tous, le duc de Berry aimoit sur-tout à re-

(1) Tableau peint sur toile; hauteur 18 pouces 6 lignes, largeur 22 pouces. Salon de 1817.
(2) On raconte que pendant qu'il faisoit le siège de La Fère (en mai 1596), un soldat gascon qui servoit dans le parti de la Ligue s'aperçut, du haut des remparts où il étoit en faction, que le roi de Navarre, occupé à observer les fortifications, étoit placé précisément sur une mine à laquelle on alloit mettre le feu. Voulant sauver son prince qu'il aimoit, quoique portant les armes contre lui, le soldat se mit à crier en son patois gascon que personne de la place ne pouvoit comprendre : *Moulié de las tous de Barbaste**, *pren garde à la gatte que ba gatona.* Ce qui signifie en françois : *Meunier de la tour de Barbaste, prends garde à la chatte qui va faire des petits.* Henri se rappela fort bien que le mot *chatte* s'exprime également en gascon par *gatte* et *mine*, et il se retira promptement. Un instant après l'explosion se fit; et il eût été infailliblement englouti sans l'avis de son compatriote. (*Notice historique sur la ville de Nérac*, par M. Christophe de Villeneuve-Bargemont. Agen, 1807.)

* Le surnom de Meunier de Barbaste lui avoit été donné à cause de son amour pour la jolie fille du propriétaire du moulin.

HENRI IV ET SES ENFANTS.

trouver celui qu'il s'étoit choisi pour modèle, non pas au milieu de la pompe des cours et du tumulte des camps, mais dans la paix, dans la liberté de son intérieur, au sein de sa famille et de ses amis; et quand il commanda à l'artiste le tableau dont nous offrons la copie, peut-être sourioit-il en secret à l'idée de mettre un jour lui-même en action, avec ses enfants, la scène que cette production devoit retracer.

Au reste, le peintre, dans cette occasion, s'est montré le digne interprète des intentions du prince. Il a deviné toute sa pensée, et s'est identifié à tous ses sentiments. L'on ne sait lequel on doit louer le plus ou de l'expression de son ouvrage ou de son exécution fine et brillante. L'action qu'il avoit à peindre étoit simple dans son ordonnance sans doute, mais il étoit difficile de l'exprimer vivement, de mettre les spectateurs à même de la reconnoître sans hésitation: il falloit en quelque sorte qu'on entendît sortir de la bouche du monarque ces mots adressés au connétable de Castille, au moment où celui-ci le surprend jouant avec ses deux fils: « Monsieur, avez-« vous des enfants? — Oui, sire. — En ce cas je vais achever le tour de la chambre.» Eh bien! tout cela se dit sans effort et naturellement sous les pinceaux de M. Revoil... Les paroles sont rapidement échangées entre le prince et l'Espagnol. La physionomie de l'un peint une douce joie; sur celle de l'autre on voit l'étonnement, le respect, mêlés à une émotion involontaire. La figure de la reine qui soutient sur le dos de leur père, où ils se sont mis à cheval, le dauphin, qui fut depuis Louis XIII, et le petit Gaston, a de la noblesse et de l'élégance. Celles des enfants respirent une charmante naïveté: tout ce groupe attache, intéresse, et les accessoires dont il est entouré, les décorations du lieu, sont aussi bien choisis que bien traités.

On a dit que l'anecdote dont il s'agit étoit meilleure à raconter qu'à peindre. Il nous semble que le tableau de M. Revoil réduit à sa juste valeur cette assertion hasardée, et prouve que la peinture peut, quand il lui plaît, devenir l'organe des sentiments les plus doux comme des passions les plus vives.

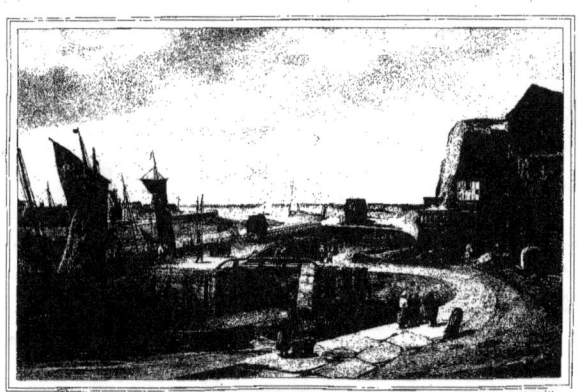

Vue de Dieppe, prise des Dolés.

VUE DE DIEPPE,

PRISE DU POLET[1],

PAR M. THÉODORE GUDIN[2].

Les progrès de M. T. Gudin ont été si rapides, et marqués par de si beaux ouvrages, qu'il est presque impossible d'en établir la succession et de choisir parmi ses productions, déjà très nombreuses, celle qui mérite une distinction particulière.

Tous les albums étoient riches des aquarelles échappées à ses faciles pinceaux : le salon de 1822 en avoit vu plusieurs, qui toutes réunirent les suffrages des connoisseurs. On se demandoit pourquoi un talent déjà si gracieux, si remarquable, ne se manifestoit pas par des ouvrages plus importants et moins susceptibles d'éprouver l'influence de la mode que ces feuilles légères dont l'air, l'humidité, le soleil, détruisent trop rapidement le charme et l'éclat.

M. Gudin entendit cette plainte : ce fut un défi pour lui ; et le salon de 1824 offrit aux regards des amateurs des ouvrages que n'auroient pas désavoués les plus habiles peintres de marines de l'ancienne et de la moderne école : un de ces beaux tableaux valut au peintre une distinction flatteuse de la part du monarque[3] ; et l'acquisition en fut aussitôt faite par monseigneur le duc d'Orléans, qui se montre, comme tous les princes de l'auguste famille à laquelle il appartient, le protecteur éclairé et l'ami des arts.

Le tableau qui décore la galerie de S. A. R. MADAME est peut-être moins important que celui de la galerie d'Orléans ; mais il l'égale sous le rapport de l'exécution et de

---

(1) Tableau peint sur toile ; hauteur 1 pied 2 pouce, largeur 1 pied 9 pouces. Salon de 1824.
(2) Né à Paris en 1801, élève de M. Girodet.
(3) Une médaille d'or.

VUE DE DIEPPE.

la vigueur du coloris. Rien en effet de touché plus librement que la *Vue de Dieppe, prise du Polet*; rien de peint avec plus de chaleur et de vérité locale que ce cadre. Les plans en sont pittoresquement arrangés, les détails et les effets bien entendus ; et les figures, d'un heureux mouvement, ajoutent au mérite très remarquable de cette production.

M. Gudin poursuit ses études avec une constance qui lui fait d'autant plus d'honneur qu'à l'exemple de beaucoup d'autres, content de ses premiers succès, il auroit pu, bercé par de flatteuses séductions, s'endormir au milieu de sa carrière ; mais, s'étant élevé à un point si haut, il a reconnu qu'il devoit à sa réputation davantage encore; et, plein d'une émulation qui l'honore, il parcourt les ports de la France, de la Hollande, de l'Angleterre, de l'Italie, étudiant par-tout la nature, et ne suivant que ses inspirations. Si ce jeune artiste, qui n'est seulement pas estimable par ses talents, mais encore par toutes les qualités qui font l'honnête homme et l'ami fidèle, parvient à dessiner ses figures avec plus de correction, à joindre à cette transparence que l'on remarque dans sa couleur cette solidité qui distingue les productions des grands maîtres, ses ouvrages seront alors exempts de toute critique.

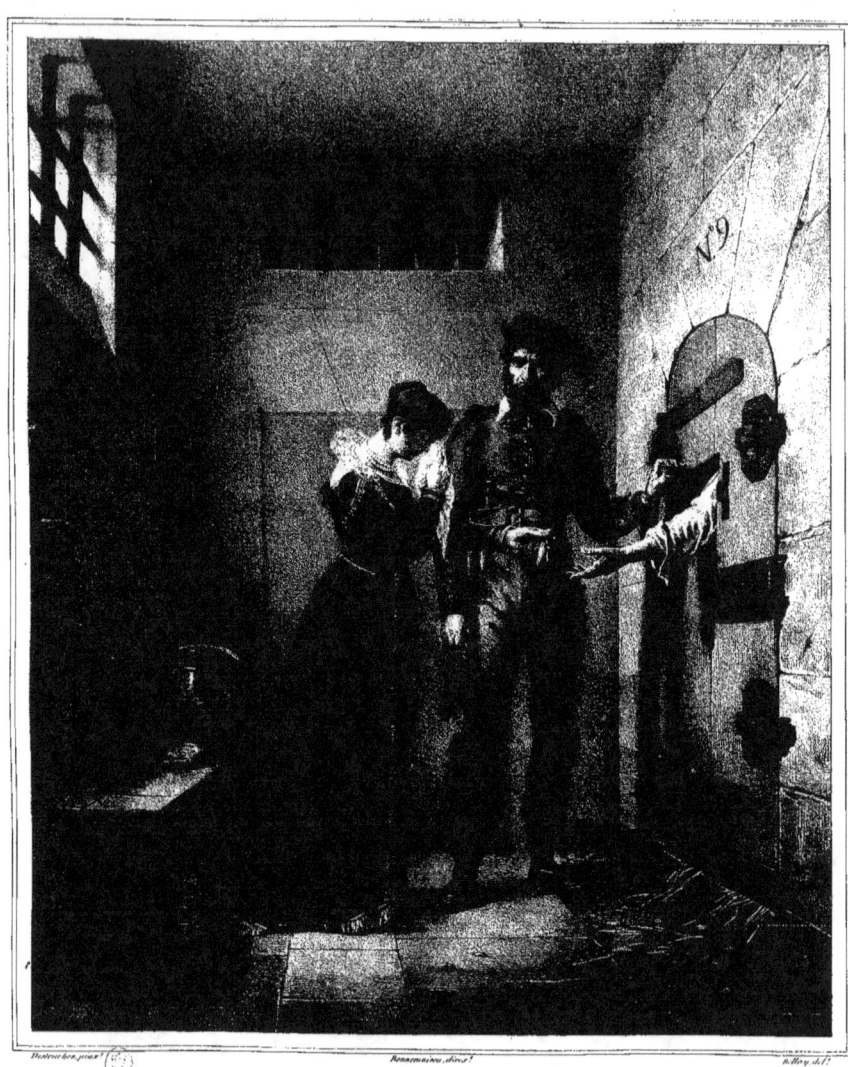

Une jeune dame visitant son père en prison.

UNE JEUNE DAME
VISITANT SON PÈRE EN PRISON[1],

PAR M. DESTOUCHES.

L'infortunée ne peut recueillir que les plaintifs accents d'une voix chérie; la porte fatale qui la sépare de son père ne s'ouvrira point; ses yeux ne rencontreront point ceux de l'être dont elle reçut le jour; elle ne pourra le presser contre son cœur! telle est la terrible consigne donnée au geolier;... il ne peut l'enfreindre.... Ce vieillard, ce prisonnier, dont nous voudrions voir les traits, tant la vue de sa fille, si belle et si touchante, nous inspire pour lui le plus vif intérêt,... c'est donc un criminel d'état!... une victime des troubles civils, des tristes calculs de la politique! S'il en étoit autrement, il seroit soumis à des ordres moins sévères; son farouche gardien laisseroit parler ou la cupidité ou la pitié,... les verroux seroient tirés, et la porte de fer rouleroit sur ses gonds; mais il ne s'agit point ici d'un individu que les lois vouent à l'infamie; qui a passé par tous les échelons du crime avant d'arriver dans ce séjour d'horreur et de honte: il n'est question que d'un homme égaré, qui, condamné par le parti vainqueur, sera peut-être demain l'objet du culte d'un autre parti, et dès-lors la loi est inexorable.... et les porte-clefs ont de la conscience.

Ce sont là les pensées dont on est rempli à la vue du tableau de M. Destouches. D'une couleur franche et brillante, cette production est remarquable par la correction et l'élégance du dessin, et par la finesse de l'exécution; l'expression de la jeune femme est d'une vérité déchirante; celle du geolier est exacte: elle est repoussante.

M. Destouches avoit débuté dans la carrière par de grandes pages où l'on avoit trouvé les germes d'un beau talent. La *Résurrection de Lazarre*, que l'on vit à l'expo-

(1) Tableau peint sur toile; hauteur 2 pieds 3 pouces, largeur 1 pied 10 pouces. Salon de 1824.

UNE JEUNE DAME VISITANT SON PÈRE EN PRISON.

sition de 1819, lui valut l'approbation des connoisseurs du goût le plus difficile. Tout-à-coup il a, sinon changé de route, du moins pris un genre où il doit se promettre de nombreux et brillants succès. Le Salon de 1824, riche de ses charmantes compositions, lui a donné, parmi les amateurs du genre aimable, une réputation méritée et qui s'accroît chaque jour davantage. La *Maladie de Gresset* et *Charles-Quint visité dans son couvent* étoient vraiment de petits chefs-d'œuvre. Depuis, une autre production d'un travail gracieux, d'une touche et d'une couleur exquises, est venue confirmer les espérances que l'on a conçues de son talent : c'est un tableau représentant Buckingham déclarant son amour à la reine de France, Anne d'Autriche. Vérité dans la couleur et dans le costume, élégance et grace dans les poses, finesse de touche et de ton, tout se trouve réuni dans ce cadre[1].

[1] Il fait partie d'une collection de tableaux que MM. Suzerac et Duval font exécuter par les meilleurs artistes de notre école, pour être ensuite lithographiée et publiée sous le titre *des Amours des Gaules*.

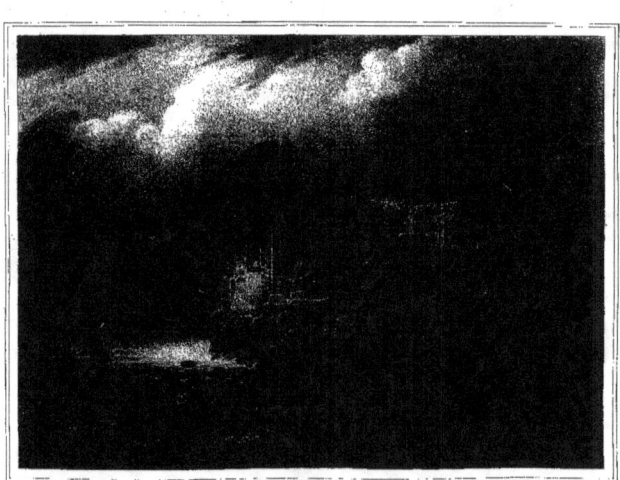

Vue prise dans les Montagnes de l'Ecosse.

VUE PRISE EN ÉCOSSE,

PAR M. PERNOT.

Racine passera, disoit madame de Sévigné : *Walter Scott passera*, dit à son tour madame de Genlis ; mais la postérité n'a point confirmé le jugement de l'immortelle marquise; elle ne confirmera pas non plus celui qu'a prononcé le goût vieilli de la comtesse. A son début dans la carrière littéraire, celle-ci n'auroit point été insensible aux beautés supérieures du romancier écossois : elle auroit admiré, avec ses nombreux lecteurs, cette vérité de costume, de mœurs, de langage; cette peinture pittoresque et frappante des lieux que le poëte décrit, des personnages qu'il fait agir ; elle auroit applaudi à ces ingénieuses fictions qui ont toujours l'air de la vraisemblance, à ces épisodes intéressants semés avec art dans l'ensemble de l'ouvrage ; enfin elle auroit apprécié l'énergie, la variété du style de sir Walter Scott; et bien certainement elle n'eût pas rendu l'arrêt sévère qu'a tracé aujourd'hui la plume de l'auteur des histoires romanesques des *Chevaliers du Cygne* et du *Siége de la Rochelle!*

Nos artistes et nos écrivains, rendant plus de justice au peintre de *Mac Gregor*, des *Puritains*, de *Quentin Durward*, de *Rob-Roy*, et de vingt autres compositions également originales, ont voulu lui devoir le sujet de leurs tableaux et de leurs drames ; d'autres, guidés par ses inspirations, ont voulu parcourir les contrées romantiques et sauvages dont sa plume a fait de si sublimes descriptions : M. Pernot est de ce nombre; il a parcouru l'Écosse; il a visité les ruines des vieilles abbayes, les débris des anciens châteaux des clans redoutés, les lacs, les solitudes, les monts escarpés où vécurent ces fiers Écossois dont Walter a retracé les énergiques résolutions et les exploits désespérés. Les matériaux riches et neufs que M. Pernot a rapportés de ses excursions forment aujourd'hui un ouvrage qui ne manquera pas d'intérêt sans

(1) Tableau peint sur toile; hauteur 1 pied, largeur 2 pieds. Salon de 1824.

VUE PRISE EN ÉCOSSE.

doute, s'il est fait avec tout le soin et le talent que l'on doit attendre des artistes qui concourent à son exécution. Mais il n'a point épuisé son portefeuille pour le *Voyage en Écosse;* il a reproduit l'un de ses croquis dans le tableau dont la lithographie de M. Deroy rend si bien l'aspect. Cette abbaye ruinée, ce vaste lac, ces monts qui bornent l'horizon, ce ciel voilé, cet ensemble imposant et mélancolique; voilà bien le caractère des sites de l'Écosse; et cette page, pour la vérité, ne seroit pas désavouée par le peintre écossois lui-même.

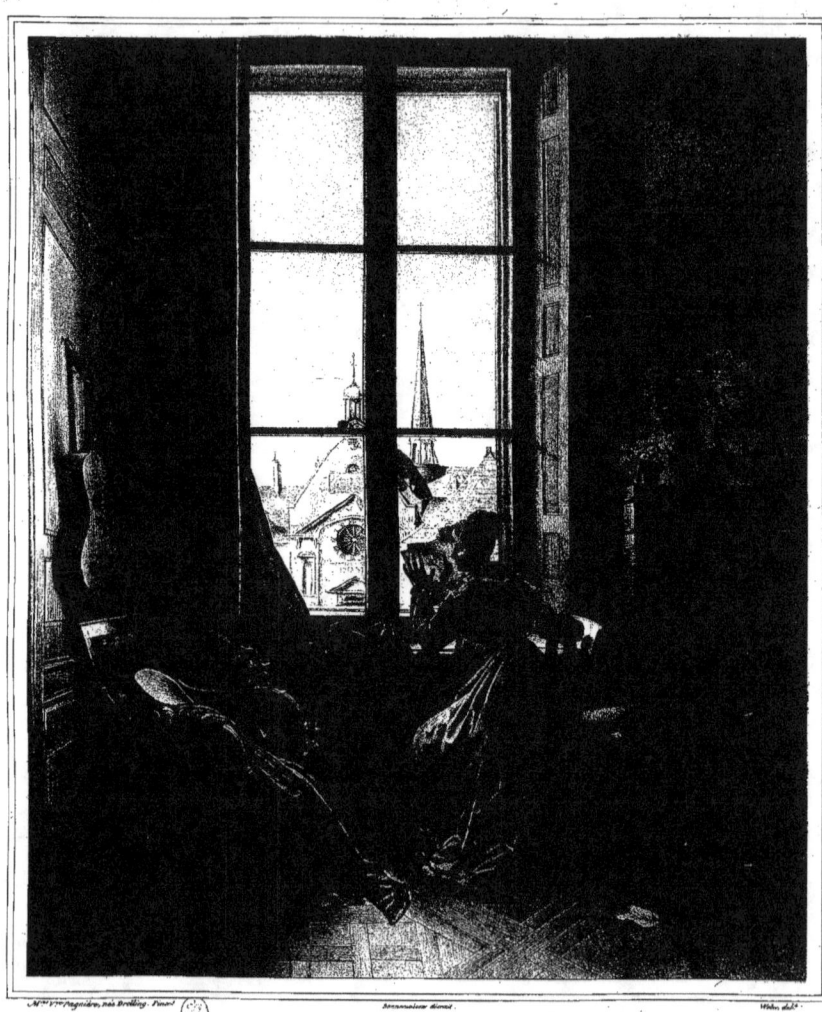

Une jeune personne calquant une Fleur

INTÉRIEUR,

PAR Mme Ve PAGNIERRE.

Il est permis de croire que l'artiste a offert à nos regards dans ce cadre l'intérieur du cabinet même où elle a plus d'une fois cherché d'heureux délassements. Près d'elle est une demi-bibliothèque. Elle contient peu de livres; mais le choix des ouvrages supplée sans doute à leur quantité. Voilà les fleurs que dans une promenade au Jardin du Roi elle a recueillies peut-être. A ce panneau boisé est suspendue la guitare dont les douces modulations accompagnent les accents de sa voix ou ceux de la voix d'une amie. Son portefeuille est entr'ouvert : n'est-ce pas une étude de son père qui s'en échappe? Ah! si c'est son père qui fut son maître, combien elle a su profiter des conseils et de l'exemple d'un tel guide!

Mais que ce laboratoire, consacré aux arts, au repos, à l'étude, soit celui de madame Adéone Pagnierre, soit qu'il n'existe en effet que sur la toile qui nous le représente, tout y est d'un effet aussi piquant que vrai. Les accessoires sont à-la-fois largement et délicatement traités. La figure placée dans le clair-obscur est parfaitement modelée. Enfin cet ouvrage, dans son ensemble et dans ses détails, annonce un talent supérieur, bien capable de soutenir l'honorable réputation dont jouit dans les arts le nom de *Drolling*[3].

(1) Tableau peint sur toile; hauteur 1 pied 9 pouces, largeur 1 pied 4 pouces. Salon de 1824.
(2) Née Adéone Drolling.
(3) On connoît les beaux ouvrages de M. Drolling fils, frère de madame Pagnierre.

Vue de l'Hôtel Bullion,
Rue J.J. Rousseau.

L'ENTRÉE DE L'HOTEL DE BULLION[1],

PAR M. BOUHOT.

Il en est de la naïveté dans les arts d'imitation comme dans la poésie et dans l'éloquence : elle frappe toujours juste, plaît aux esprits bien faits, et fait souvent l'admiration du vulgaire. La naïveté est, pour ainsi dire, la langue du peuple. Aussi ne sauroit-on trop applaudir à l'artiste ingénieux, à l'homme de lettres, à l'orateur instruit, qui savent, dans leurs ouvrages aussi bien que dans leurs discours, la laisser apparoître ornée seulement de ses simples attraits. Ce que nous disons là, M. Bouhot semble l'avoir compris plus qu'aucun autre *peintre d'intérieur*; il semble sur-tout en avoir fait la base invariable de ses compositions. Scrupuleux imitateur de la nature, il croit, avec raison, qu'il suffit d'en reproduire les accidents plus ou moins variés, les formes plus ou moins pittoresques pour obtenir d'heureux effets. Il n'ajoute point une pensée romantique à une pensée vraie, une teinte idéale à une teinte donnée par la lumière; il est vrai, il veut l'être, et ce mérite imprime à ses ouvrages un cachet particulier qui leur assure une place distinguée dans les collections des amateurs.

Il avoit à peindre *l'hôtel de Bullion*, ce bazar perpétuel où chaque jour les somptueuses dépouilles d'un agioteur en fuite se vendent pêle mêle et confondues avec le modeste mobilier du savant laborieux, à qui Plutus a refusé ses faveurs. Voyez comme il a rempli sa tâche : il arrête d'abord les regards du spectateur sur la porte d'entrée de cet hôtel, si connu des brocanteurs, et, il faut bien le dire, si souvent fatal aux malheureux artistes ! De nombreuses affiches, qui tapissent les murs, annoncent de prime-abord l'usage auquel est consacré cette maison. Il vous introduit ensuite dans les cours. Il vous place en face de certains personnages qu'à *six heures de relevée* vous trouvez toujours là. Il vous mène enfin jusque dans les salles, où les chefs-d'œuvre du plus haut mérite, et les pastiches les plus grossiers, sont offerts aux

(1) Tableau peint sur toile; hauteur 14 pouces 6 lignes, largeur 11 pouces.

L'ENTRÉE DE L'HOTEL DE BULLION.

acheteurs avec la même emphase par l'éloquent *metteur sur table*. Oui, c'est l'hôtel de Bullion tout entier que vous présente le petit cadre de M. Bouhot. Il l'a peint au matériel, au moral, comme il falloit le peindre. C'est un *portrait frappant*. On voit qu'il est familier avec les effets du clair-obscur, avec les oppositions de l'ombre et de la lumière, et qu'il en sait tirer le parti le plus avantageux. L'exécution de ce petit tableau est aussi soignée que la couleur en est solide et vraie. C'est sous ce rapport un des plus jolis ouvrages de l'artiste [1].

M. Bouhot est du petit nombre de ceux qui se reposent sur leurs études et sur leurs travaux du soin de les faire connoître. Il ne va point mendier l'appui de quelque coterie pour se produire. Il sait que, dans les arts, comme dans les gouvernements, la justice a son cours…. C'est elle qui, en définitive, règle les places et les rangs. Il attend donc avec confiance les récompenses qu'un talent si naturel et si réel doit obtenir. Nous serions heureux de pouvoir dire qu'il ne les attend plus.

(1) Ce tableau est enrichi de figures de M. Xavier Leprince.

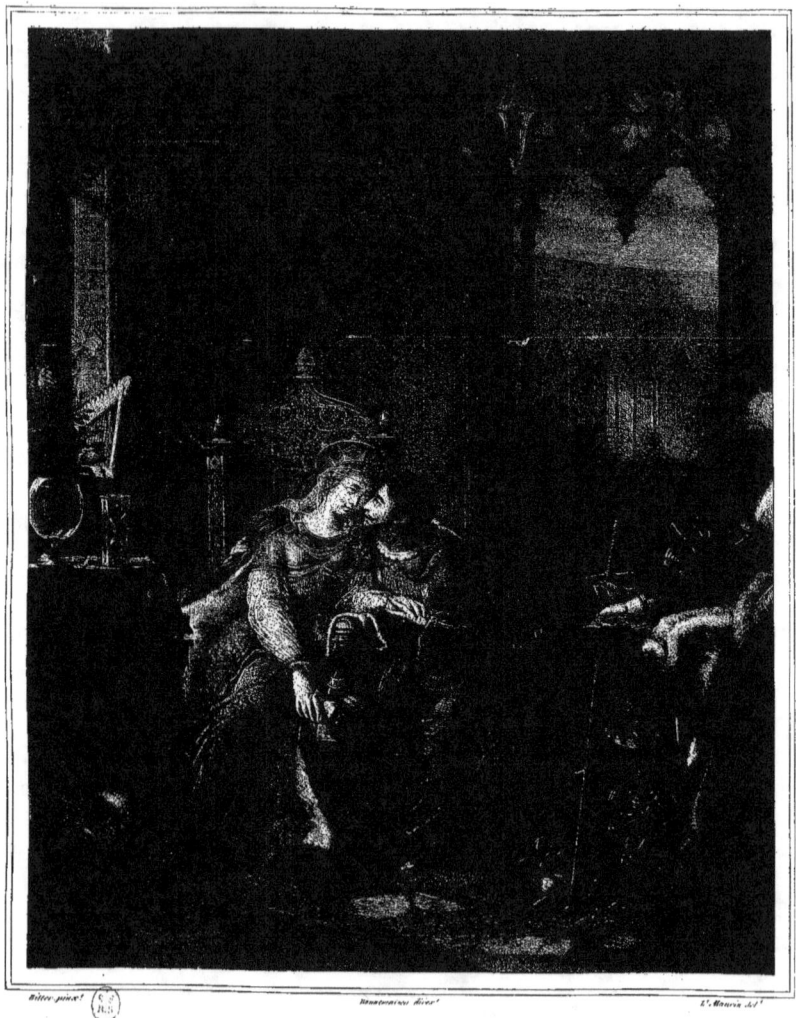

Lancelot et Geneviève.

GENEVIÈVE ET LANCELOT[1],

PAR M. BITTER.

Les temps de la chevalerie ont je ne sais quel charme qui s'imprime à tout ce qui les reproduit. Les fabliaux, les contes, les poëmes, les tableaux, les monuments où l'on retrouve l'image de ces jours célèbres, intéressent vivement. On aime cette fleur de galanterie mêlée à cette humeur courageuse et guerrière. On s'attache au récit des grands exploits, des aventures surprenantes, des amours éprouvés de ces héros du moyen âge; et, sans être un *don Quichotte*, on se passionne volontiers pour les pourfendeurs de géants et les damoiselles errantes, qui conservoient, en dépit des négromants et des malignes fées, leur honneur intact. Elles ne laissoient qu'au bien aimé le droit d'arracher du chaperon virginal la fleur d'amour!

Si jamais couple donna l'exemple de la constance et de l'attachement le plus tendre, ce fut sans doute *Geneviève et Lancelot*. Ces noms sacrés, immortalisés par les chants des poëtes et des romanciers, sont venus jusqu'à nous avec un suave parfum de pudeur, de courage, et de beauté. Parmi les chevaliers de la Table-Ronde, nul ne le disputoit en adresse, en courtoisie, en vaillance à Lancelot; parmi les belles de la cour, aucune n'égaloit Geneviève en chasteté, en grace, en amour.

C'est ce couple charmant et fidèle dont les traits sont reproduits dans le tableau de M. Bitter. Ses pinceaux, dociles interprètes de sa riche imagination, ont donné à ces amants toute la grace, toute la beauté que Tressan, dans sa prose harmonieuse et naturelle, sut leur donner lui-même. Tout dans cet ouvrage est traité avec une délicatesse de goût très remarquable, et la manière dont les accessoires nombreux et brillants qui entourent les deux figures sont touchés ajoute encore au mérite de cette jolie composition.

[1] Tableau peint sur toile; hauteur 4 pieds 11 pouces, largeur 3 pieds 6 pouces.

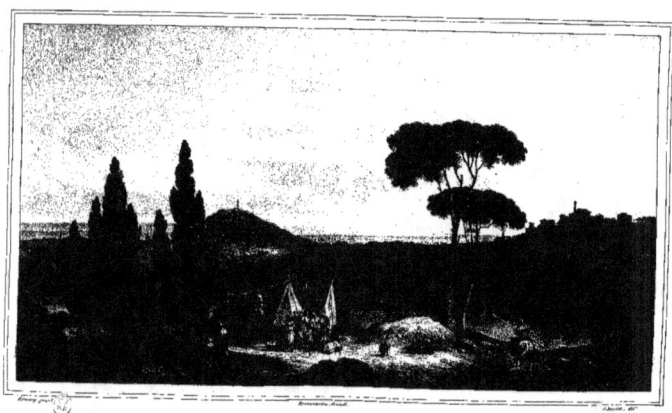

VUE DU LAC NÉMI[1]

PAR M. RONMY.

Ce paysage est riche et pittoresque. Dans le fond et sur des hauteurs on découvre quelques villages ; à l'horizon une vaste étendue d'eau remplit le cadre ; sur le premier plan on remarque une tente auprès de laquelle s'élèvent de magnifiques peupliers. C'est là, sur les bords du lac, et pour respirer la fraîcheur que répandent au loin ses eaux, que des condottieri[2] ont fait halte. Ces figures d'un style élevé et d'une dessin correct ont quelque chose de grave qui convient à la nature même du site. L'ensemble de cette composition ne manque pas de grandiose : il y règne du calme, du repos. Sous le rapport de la couleur elle est d'un bel effet. Le ciel, les eaux, les arbres sont exécutés avec une grande liberté de pinceau ; et quoique la touche de l'artiste soit large et facile, on ne peut lui reprocher d'être négligée.

Le *Couvent de Grotta-Ferata*[3], une *Vue prise à Genaso* et une autre *Vue intérieure de Tivoli*[4] ; *Henri IV au siège de Paris*[5], une *Vue de Porto Venere au soleil couchant*, le *Palais de Valmontone*[6], autres ouvrages de M. Ronmy, où il ne se montre pas moins heureux dans le choix des localités que dans celui des personnages qu'il met en scène pour ajouter à l'intérêt du tableau, sont conçus avec esprit et presque toujours exécutés de la manière la plus brillante. En acceptant l'héritage de M. Prevost, M. Ronmy se montre dans ses beaux panoramas le digne continuateur de son devancier, et ses ouvrages soutiennent la haute réputation de ceux de M. Prevost.

(1) Tableau peint sur toile ; hauteur 1 pied, largeur 2 pieds 6 pouces. Salon de 1818. Acquis par la Société des Amis des Arts. Cet ouvrage est échu à S. A. R. Madame, duchesse de Berri.
(2) *I condottieri* étoient des capitaines italiens qui se mettoient à la solde des différentes puissances, et faisoient des levées d'hommes. La république de Venise en avoit presque toujours à la tête de ses armées.
(3) 1814. — (4) 1817. — (5) 1819. Le premier de ces tableaux a été commandé par la maison du Roi ; l'autre appartient à monseigneur le duc d'Orléans. — (6) Ces derniers cadres, exposés au salon de 1822, n'ont fait qu'ajouter à la réputation que M. Ronmy s'étoit déjà acquise.

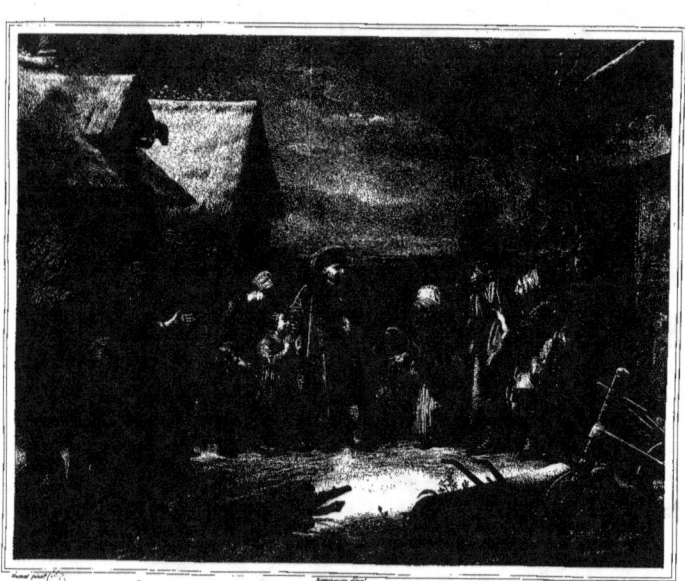

Louis XVI distribuant ses bienfaits aux pauvres pendant le rigoureux hiver de 1788.

LOUIS XVI

DISTRIBUANT SES BIENFAITS AUX PAUVRES

PENDANT LE RIGOUREUX HIVER DE 1788 [1],

PAR M. HERSENT.

Quel roi porta jamais sur le trône autant de pureté de mœurs, de générosité de cœur, de droiture, et de modestie, que l'infortuné monarque dont le tableau de M. Hersent nous offre les traits? Né dans un siècle de corruption, élevé au rang suprême à une époque où le vice effronté étoit en honneur, le libertinage une mode, le mépris des nœuds les plus sacrés un devoir, il apparut avec toutes les vertus dont le ciel avoit rempli son ame simple et noble!... On fut d'abord étonné!... On espéra que l'ivresse du pouvoir changeroit ses sentiments, égareroit sa raison... On attendit le moment où la vérité l'importuneroit, où la justice ne lui feroit plus entendre sa voix, où la pudeur n'auroit plus d'empire sur lui... On attendit en vain! Il resta bon père, bon époux, honnête homme. Dès-lors il fallut le calomnier, et ceux dont il n'avoit pas voulu adopter les vices brillants devinrent ses premiers détracteurs... Mais pourquoi rappeler ces temps de désordre et de crime? Les pleurs de la France ne les ont-ils pas expiés!

Non content des secours que, durant l'hiver de 1788, Louis XVI faisoit distribuer à ses peuples, il vouloit encore connoître par lui-même les besoins de chacun et répandre de ses mains autour de ses palais ses bienfaits inépuisables. C'est une de ces pieuses actions qui a fourni à l'artiste le sujet de son tableau.

La scène se passe dans un hameau, près du château de Versailles, que l'on découvre dans l'éloignement. Débarrassé de sa suite, seul, le roi s'est avancé au milieu de quelques villageois qui s'empressent au-devant de lui. Là, un vieillard soutenu par sa petite fille s'offre aux regards du généreux prince. On reconnoît un

---

[1] Tableau peint sur toile; hauteur 2 pieds, largeur 2 pieds 6 pouces.

LOUIS XVI DISTRIBUANT SES BIENFAITS AUX PAUVRES.

ancien militaire à la manière dont il salue son maître. La femme du vieil invalide s'incline devant le souverain dont elle vient de recevoir une bourse d'argent. Ici, une jeune femme, dans une attitude respectueuse et timide, présente ses enfants au roi; ailleurs, et sur le plan le plus avancé, un paysan, beau de force et de santé, entouré de sa chaste compagne, de son fils et de sa fille, ayant déposé à terre le fagot dont il étoit chargé, s'appuie d'une main sur sa hache, et de l'autre découvre son front devant l'auguste bienfaiteur qui vient en ce lieu porter ses royales libéralités.

Ce tableau n'est que la première pensée de celui qui, commandé à l'auteur pour orner la galerie de Diane aux Tuileries, fut accueilli par des suffrages universels au Salon de 1817. Cette précieuse esquisse réunit aux graces du genre toute l'élévation du style historique.

Ce ciel brumeux, ce sol couvert de neige, ces arbres dépouillés de leur feuillage, tout annonce la rigueur de la saison, et ce deuil de la nature semble faire sentir davantage la situation pénible des infortunés qu'un père tendre vient secourir. L'effet de ces couleurs mornes, de ces tons sourds flatte moins d'abord qu'un coloris plus brillant; mais comme il s'harmonise pourtant avec la scène que l'artiste nous présente; comme il en fait valoir toutes les parties; comme il en relève l'éclat! Si l'on s'attache ensuite aux détails; quelle liberté de touche, quelle pureté de dessin! Comme toutes les expressions sont vraies, comme il y a de la bonté dans les traits du monarque, de l'innocence dans ces charmants enfants, de l'amour, du respect, de l'attendrissement dans ces villageois! Sans vouloir diminuer en rien le mérite de la grande page dont ce petit cadre n'est, pour ainsi parler, qu'un aperçu, qu'il nous soit permis de dire, qu'on trouve dans celui-ci cependant une rapidité, une liberté de pinceau, une fierté de touche que le tableau n'a peut-être point à un égal degré.

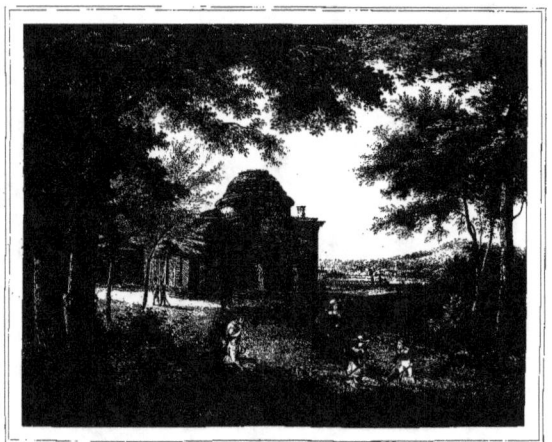

Vue de Bagatelle.

VUE PRISE A BAGATELLE[1],

PAR M. RICOIS.

. . . .
Et toi, d'un prince aimable, ô l'asile fidèle!
Dont le nom trop modeste est indigne de toi,
Lieu charmant, offre-lui tout ce que je lui doi,
Un fortuné loisir, une douce retraite!
Bienfaiteur de mes vers, ainsi que du poëte,
C'est lui qui, dans ce choix d'écrivains enchanteurs,
Dans ce jardin paré de poétiques fleurs,
Daigne accueillir ma muse... Ainsi du sein de l'herbe
La violette croît auprès du lis superbe.
Compagnon inconnu de ces hommes fameux,
Ah! si ma foible voix pouvoit chanter comme eux,
Je peindrois tes jardins, le dieu qui les habite,
Les arts et l'amitié qu'il y mène à sa suite!
Beau lieu, fais son bonheur! Et moi, si quelque jour,
Grace à lui, j'embellis un champêtre séjour,
De mon illustre appui j'y placerai l'image;
De mes premières fleurs je lui promets l'hommage.
Pour elle je cultive et j'enlace en festons
Le myrte et le laurier, tous deux chers aux Bourbons!
Et si l'ombre, la paix, la liberté m'inspire,
A l'auteur de ces dons je dévouerai ma lyre[2].

Ce séjour, dont la muse du poëte homme de bien a rendu le nom immortel, vit sous ses ombrages fleuris tout ce que, dans ces derniers temps, la jeunesse françoise avoit de plus brillant et de plus aimable. Un prince, modèle de courtoisie et de graces, comme il l'est aujourd'hui sur le trône des vertus les plus nobles, et des sentiments les plus généreux, y venoit chercher cette liberté qu'on trouve rarement à la cour. Le

(1) Tableau peint sur toile; hauteur 1 pied, largeur 3 pieds 1 pouce.
(2) Delille, *Poëme des Jardins*.

VUE PRISE A BAGATELLE.

comte d'Artois se plut à embellir ces jardins dont les ombrages tutélaires protègent aujourd'hui les jeux enfantins des petits-fils de Charles X.

Puisse le jeune prince, dont l'heureuse enfance ignore encore les chagrins de la vie, trouver long-temps dans cet asile les heures de paix et de bonheur qui s'écoulèrent trop rapidement pour son aïeul! Qu'une muse fidèle et pure comme celle de Delille consacre ses chants à redire ses jeux et ses plaisirs! Et que les vers du poëte, répétés par les échos de la France, fassent aimer et bénir le règne et le nom de Henri V!

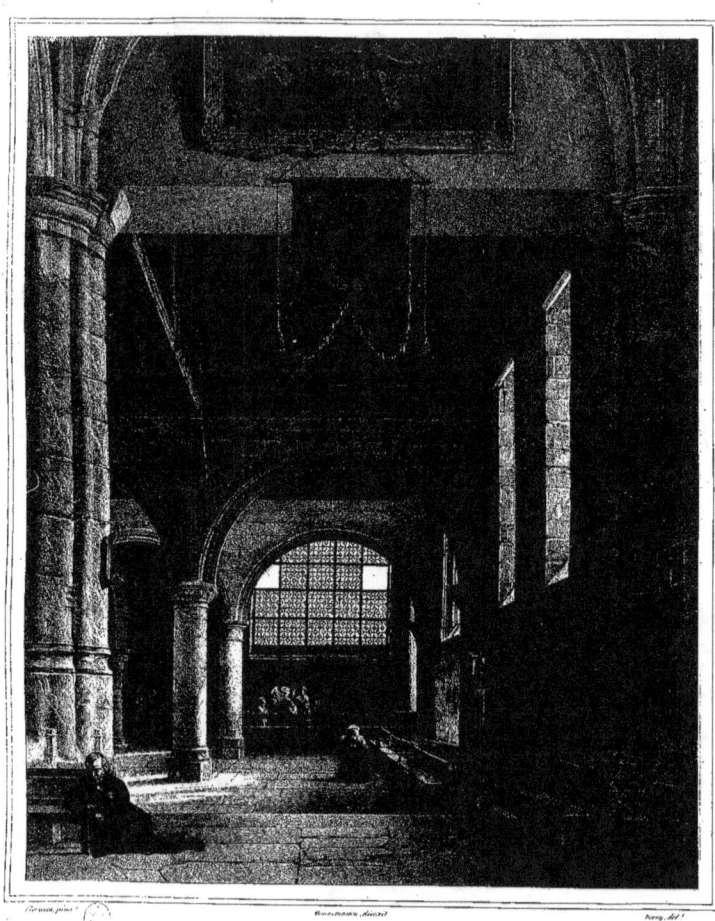

Vue intérieure de l'Église d'Argenteuil.

VUE INTÉRIEURE DE L'ÉGLISE D'ARGENTEUIL[1],

PAR M. GASSIES[2].

L'église d'Argenteuil fut, dit-on, bâtie par les Saxons. Le caractère de cet édifice offre en effet avec celui de l'architecture de plusieurs monuments qu'on retrouve soit en France, soit en Angleterre, une similitude telle qu'il est impossible de ne pas reconnoître que la même main les éleva; et cette main, ce fut celle d'un peuple conquérant qui, vaincu plus tard, devoit adopter les mœurs, l'idiome et les usages des nations qu'il avoit d'abord rendues ses tributaires; mais ce n'est point le souvenir des Saxons que l'on cherche dans l'enceinte de cette église: laissant à l'art le soin de mesurer la hauteur de ces pilliers et l'ouverture de ces ogives, on ne s'occupe que d'une amante infortunée dont les douloureuses plaintes troublèrent sans doute souvent le religieux silence de ces murs. C'est là qu'Héloïse venoit demander au ciel l'oubli de ses malheurs et de son amour! C'est là qu'elle venoit, pâle et dans les larmes, invoquer la toute-puissance du Créateur pour combattre une passion funeste, pour éteindre les feux qui dévoroient son cœur! Si l'on en croit les historiens, après avoir prononcé des vœux éternels dans le prieuré d'Argenteuil, elle devint la supérieure de ce monastère; mais, plus occupée de ses regrets, de ses savantes études, que du gouvernement de son couvent, elle y laissa introduire un relâchement tel qu'en 1129 on chassa les religieuses: des moines les remplacèrent: le Paraclet devint le refuge de l'épouse d'Abailard.

M. Gassies, qui s'est essayé dans plus d'un genre, se montre dans ce tableau d'intérieur le digne rival des Bouton et des Daguerre. C'est la richesse et la vigueur de ton que l'on trouve dans leurs plus beaux ouvrages, c'est une touche fine et spirituelle, c'est un emploi piquant et bien compris de la lumière et de l'ombre.

Des tableaux d'histoire, des compositions religieuses, des paysages, des marines, prouvent à-la-fois la flexibilité du talent de M. Gassies, et la fécondité de ses conceptions.

(1) Tableau peint sur toile; hauteur 1 pied 9 pouces, largeur 1 pied 4 pouces. Salon de 1824.
(2) Membre de la Légion-d'Honneur.

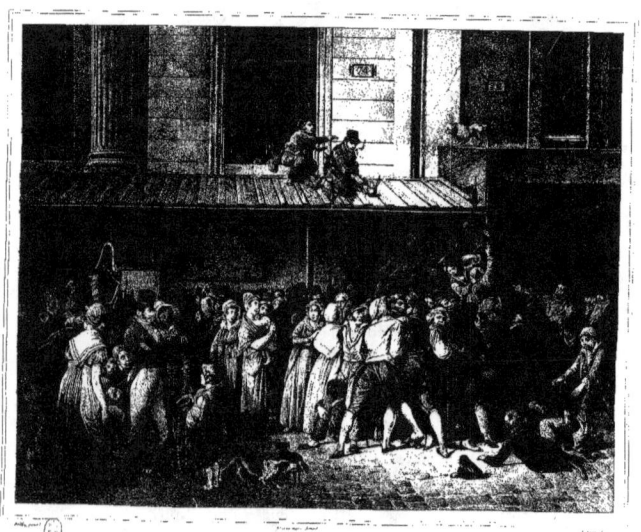
Spectacle Gratis.

L'ENTRÉE DU THÉATRE DE L'AMBIGU-COMIQUE,

A UNE REPRÉSENTATION GRATIS,

PAR M. BOILLY.

Le goût des spectacles a quelque chose de noble et d'élevé en soi, qui distingue les nations civilisées où le culte des muses et des beaux-arts est en honneur, des peuples livrés aux ténèbres de l'ignorance. Chez les Grecs et chez les Romains, on accouroit en foule au théâtre pour entendre les chefs-d'œuvre de Sophocle, d'Euripide, de Sénèque, comme chez nous on se presse à la représentation des immortels ouvrages de Corneille et de Racine, quand des acteurs dignes de ces poètes sublimes redisent leurs beaux vers.

Athènes et Rome, dans leurs solennités populaires, chargeoient les favoris des doctes Sœurs d'ajouter à l'éclat de la fête, en chantant la gloire ou le bonheur de la nation; et la population entière venoit applaudir à leurs chants patriotiques, à leurs ouvrages, qui rappeloient toujours quelques traits honorables de l'histoire du pays.

La France, qui ne s'est pas élevée moins haut que la Grèce et l'antique Italie par sa puissance, par la gloire de ses armes, par ses chefs-d'œuvre en tout genre, et par sa civilisation, a aussi ses pompes triomphales, ses fêtes monarchiques, où guidée par l'amour qu'elle porte à ses rois, aux princes de leur sang, elle consacre sa reconnoissance et son admiration par des hommages publics. Dans ces jours heureux, tous les rangs sont confondus, tous les titres disparoissent, un seul sentiment anime les spectateurs et les acteurs, et ce sentiment ne diffère que dans l'expression particulière à chacun.

Paris doit à sa position politique, à ses immenses ressources, de se placer la première parmi les villes qui rivalisent avec lui de zèle et d'empressement, quand il s'agit de célébrer ces solennités nationales. Rien n'égale la variété de ses jeux, la splendeur de ses

(1) Tableau peint sur toile; hauteur 2 pieds, largeur 2 pieds 6 pouces. Salon de 1819.

L'ENTRÉE DU THÉATRE DE L'AMBIGU-COMIQUE.

fêtes. Tous les théâtres sont ouverts gratuitement au peuple, et le peuple accourt aux brillantes représentations théâtrales où, près des chefs-d'œuvre des maîtres de la scène, on lui offre, dans quelques tableaux épisodiques, des traits qui lui rappellent ou les triomphes de la patrie, ou les vertus du monarque, ou les actions généreuses des princes de sa famille. C'est dans ces occasions que les applaudissements sont distribués avec autant d'accord que d'à-propos, avec autant d'enthousiasme que d'impartialité.

Mais ce n'est point toujours dans l'enceinte de la salle que, pour l'observateur qui étudie les mœurs, le caractère, la mobile physionomie de l'espèce humaine, est le spectacle le plus curieux; c'est souvent à la porte qu'il le trouve. Là, la ruse lutte contre la force, la politesse contre la grossièreté, la douceur contre la violence; là, les bruyants accents de la joie se mêlent aux cris de la frayeur, les chants du vainqueur adroit aux plaintes du vaincu humilié; là toutes les passions sont en mouvement, et les émotions qu'elles font naître se succèdent avec une incroyable rapidité.

M. Boilly qui, dans ses compositions, a si souvent pris la nature sur le fait, a saisi, dans son tableau du *Spectacle gratis*, tous ces mouvements, toutes ces nuances variées, avec autant d'esprit que d'exactitude. Ce cadre, où la couleur est peut-être plus transparente, la touche plus légère, le dessin plus correct que dans aucun des ouvrages du même auteur, est le portrait vivant de l'une de ces scènes tumultueuses que présente l'entrée des théâtres de la capitale le jour d'une fête publique. La vérité est là dans toute sa simplicité et dans toute son énergie; chacun de ses traits est reproduit avec la plus piquante originalité; on reconnoît le lieu, on reconnoît les personnages en action; on entend leurs cris, leurs chants, leurs jurements expressifs;..... mais l'on évite cette cohue, et l'on se range auprès de la jeune dame qui sourit avec l'élégant dont elle est accompagnée au spectacle singulier qu'offrent en ce moment les portes de l'Ambigu-Comique; l'on applaudit, avec elle, aux lazzis de la populace, à l'heureuse adresse de ceux-là, au désappointement de ceux-ci; et ces applaudissements retournent au peintre qui dans cette page charmante a développé un talent si vrai.

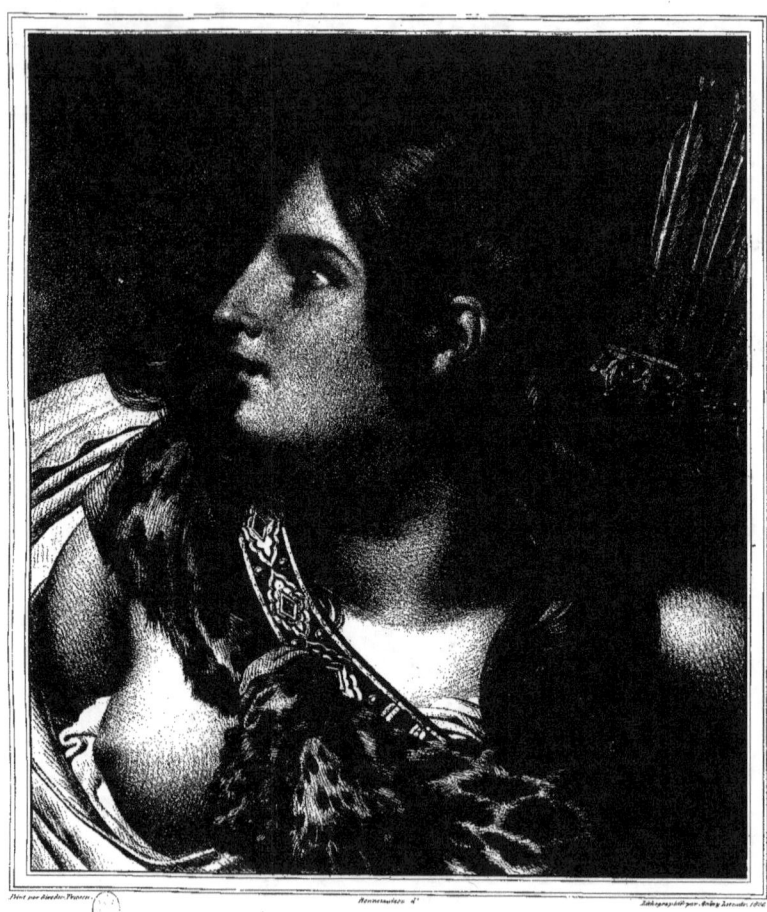

AMAZONE.

UNE AMAZONE[1],

PAR GIRODET[2].

Quel est le personnage que le peintre a voulu représenter? Est-ce la fille de Latone, lorsque quittant son char nocturne, à l'apparition de l'Aurore, elle poursuit et menace de ses flèches rapides les habitants des forêts? Sa tête n'est pas ornée du diadème, son regard est tourné vers le ciel qu'elle semble implorer : ce n'est donc point la fille de Jupiter; ce sera plutôt une de ses nymphes chéries, Calisto, se plaignant aux dieux de l'attentat de Jupiter; ou, peut-être, Penthésylée, cette reine des Amazones qui osa se mesurer avec le redoutable Achille dont la lance meurtrière la priva de la douce lumière du jour.

Il n'en est point ainsi : cette Amazone n'est point une reine, ce n'est pas non plus une divinité; ici, le ciel ne s'est pas entr'ouvert pour montrer à Girodet les dieux dans toute leur splendeur. Une jeune fille s'est offerte à sa vue; elle avoit de la beauté; elle lui a servi de modèle et de type dans plusieurs de ses ouvrages. Un jour, pendant le temps consacré au repos, elle a joué, comme un enfant, avec ces nombreux ajustements, de tous les genres et de tous les pays, que ce grand peintre avoit réunis; elle passe un carquois sur son épaule; elle se couvre d'une peau de tigre; elle arme sa main d'un javelot. Pendant qu'elle rit d'elle-même, qu'elle se balance avec grace, qu'elle prend tour-à-tour des attitudes fières ou tendres, le peintre l'observe, la regarde, l'étudie; son imagination si riche, si féconde, si noble, embellit ce qu'il voit : pour lui ce n'est plus un modèle, c'est maintenant une nymphe, une Amazone, ou plutôt c'est le tableau que vous avez sous les yeux.

On retrouve dans cet ouvrage toutes les hautes qualités du peintre qui remporta le prix décennal; le dessin est aussi pur que le caractère de la tête est élevé; les yeux

---

(1) Tableau peint sur toile; hauteur 1 pied 9 pouces, largeur 1 pied 5 pouces.
(2) Né à Montargis le 5 janvier 1767; mort à Paris le 9 décembre 1824.

UNE AMAZONE.

et la bouche sont d'une expression admirable; enfin le pinceau est manié avec une grace et une fermeté qui donnent tout à-la-fois une grande puissance d'effet à la masse, de la délicatesse et du charme aux détails. La mort de Girodet, enlevé aux arts lorsqu'il étoit dans toute la force de son talent, est d'autant plus déplorable que l'école se précipite dans une fausse direction qu'il seroit peut-être parvenu par son exemple, sinon à arrêter, au moins à ralentir. Déja l'on se rappelle l'effet que produisirent ces deux portraits de Vendécus, et quelques autres ouvrages qui parurent à l'exposition de 1824; il se proposoit d'exécuter plusieurs autres tableaux; il vouloit, disoit-il, mettre le sceau à sa réputation; mais la mort impitoyable, posant sa main glacée sur tant de productions inachevées, nous a ravi ce beau génie au moment même où de nouveaux efforts alloient produire de nouveaux chefs-d'œuvre.

P. A. COUPIN.

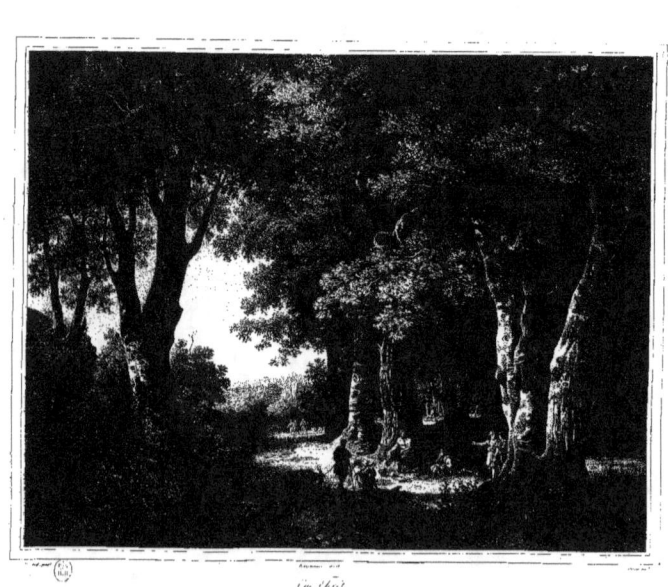

UNE FORÊT[1],

PAR M. T. RICHARD[2].

La main de l'homme n'a point mutilé ces arbres vigoureux; leurs rameaux ornés d'un vert feuillage étendent au loin leur ombrage tutélaire, et forment une voûte épaisse qui repousse les traits du soleil. Le silence de ces bois antiques n'est troublé que par les cris joyeux du faune téméraire, ou par les chants d'amour de la nymphe timide. Sous ces berceaux protecteurs, que d'heureux larcins! que d'aimables jeux! que de tendres faveurs accordées! Mais l'entrée de cette forêt nous est défendue, et nous ne porterons point, profanes audacieux, un pas hardi dans ces réduits consacrés aux mystères de l'amour.

Un satyre, vieux et laid sans doute, a voulu imiter les jeunes faunes: épris des attraits d'une belle dryade, il l'a fatiguée de ses chants nazillards: elle s'en est vengée en l'attirant dans un piége où il est tombé, et le voilà pris dans des lacets comme une bête fauve.

Tel est l'épisode qui pare le tableau de M. Richard. C'est Gessner qui le lui a inspiré. Si le poëte des bergers, qui a exprimé sur les beautés réelles des paysages des idées si neuves et si ingénieuses, voyoit l'œuvre de M. Richard, il y applaudiroit avec nous. Sa manière est large et franche; son style est élevé. Plus d'un professeur en titre pourroit ambitionner d'avoir créé cette belle page, qui n'est pourtant que le fruit des veilles d'un amateur. Mais cet amateur a un goût pur; il a étudié les beaux modèles, et la peinture est son art de prédilection. M. Richard a repoussé les travaux du cadastre dont la sécheresse éteignoit son imagination riante, pour se livrer exclusivement au goût qui l'entraînoit. On lui doit d'avoir deviné et fait surgir le talent du jeune

---

[1] Tableau peint sur toile; hauteur 2 pieds 1 pouce, largeur 2 pieds 9 pouces. Salon de 1824.
[2] Il a été envoyé à Rome. Sa pension est payée sur la cassette du Roi.

UNE FORÊT.

Brascassat, qui, grace à l'intervention bienveillante de S. A. R. Madame, a obtenu de Sa Majesté une récompense si flatteuse. On peut dire que M. Richard n'est pas seulement un artiste de mérite, c'est un homme généreux, un philanthrope-pratique qui recueille et par ses ouvrages et par ses bonnes actions d'heureux souvenirs pour l'automne de sa vie.

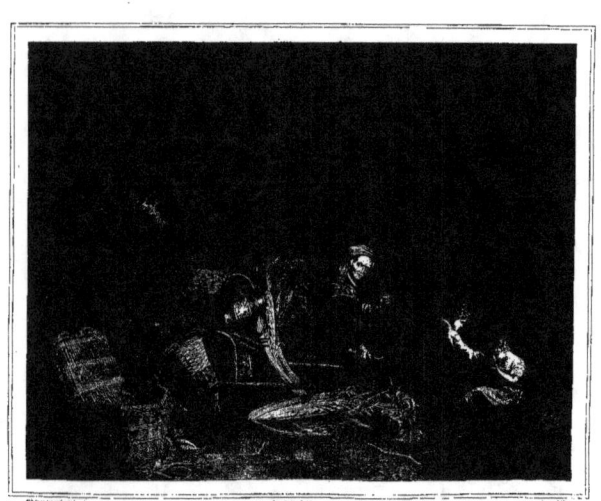

Intérieur d'une Grange.

INTÉRIEUR D'UNE GRANGE,

PAR MADEMOISELLE JENNY LEGRAND[2].

A droite et sur le plan le plus avancé, on voit une brouette encore chargée de légumes, d'une cruche et d'un panier; à l'entour sont épars des ustensiles de jardinage, de laiterie, des mannes et d'autres objets de ce genre. Au-delà, une vieille femme, assise et battant du beurre dans une baratte, sourit en portant ses regards sur deux enfants placés à gauche, dont l'un, accroupi sur une gerbe de paille, lèche du raisiné étendu sur son pain, et l'autre, debout, semble demander au premier la part de sa friande collation. On découvre à côté de la grange, et tout-à-fait dans l'ombre, en revenant à droite, une étable dont on n'aperçoit que la crèche.

Tous les détails dont se compose ce tableau sont traités avec un soin remarquable. Les ustensiles, les plantes, et les légumes, qui en occupent une grande partie, sont exécutés avec une vérité d'imitation, une délicatesse de travail, qui donnent aux ouvrages de mademoiselle Legrand un mérite dont malheureusement quelques uns de nos jeunes peintres semblent ne pas sentir assez le prix. Chaque objet y est étudié et rendu fidèlement, sans mignardise et sans contrainte. Le pinceau de l'artiste est fin et précieux, sans être sec ni froid. La couleur de cette composition est brillante et transparente. L'effet général en est harmonieux. Les airs de tête des enfants sont charmants. Il y a de la naïveté dans la pose des figures : on regrette pourtant qu'elles ne soient pas dessinées avec plus de correction. C'est par cet endroit seulement que cet ouvrage gracieux, qui a valu à son auteur une médaille d'or, donne quelque prise à la critique[3].

(1) Tableau peint sur bois en 1821 ; hauteur 1 pied 6 pouces, largeur 1 pied 9 pouces.
(2) Née à Paris, élève de M. François Leroy.
(3) Les villes de Douai, d'Arras, de Lille, ont, à diverses époques, décerné des médailles d'argent à mademoiselle Legrand pour des ouvrages du genre de celui-ci.

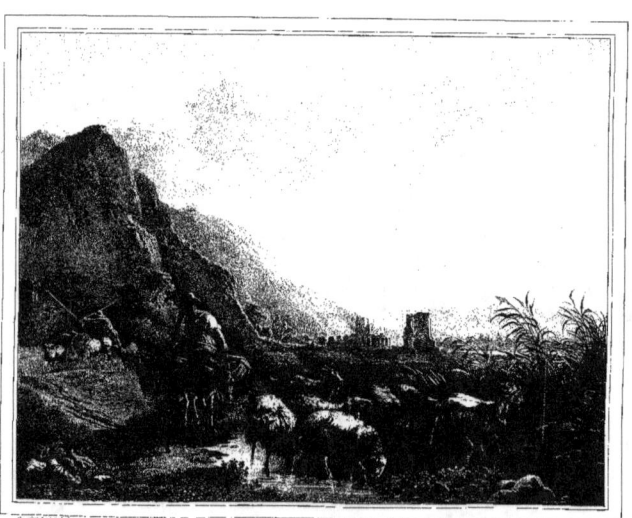

UN TROUPEAU TRAVERSANT UN RUISSEAU[1],

PAR M. OMMÉGANK[2].

Depuis quelques années nos expositions sont veuves des ouvrages de M. Ommégank. Il ne vient plus concourir à l'éclat de ces solennités; il ne vient plus se mêler à l'essaim de nos artistes distingués, dont il aimoit naguère à partager la gloire, et parmi lesquels il trouva, moins des rivaux jaloux, que de justes appréciateurs de son talent original. Parceque la France ne comprend plus dans ses limites le pays qui le vit naître, auroit-il oublié que long-temps elle le compta au nombre de ses enfants, qu'elle le traita toujours comme tel, et qu'elle applaudit constamment avec autant d'empressement que de joie aux succès flatteurs qu'il obtint?

S'il est possible que ces jours de triomphe et de bonheur ne s'offrent plus à sa mémoire, nous, qui en avons gardé le souvenir, nous nous plaisons encore à ne point le faire sortir des rangs des peintres françois, où il étoit si glorieusement entré; et c'est pour cela, qu'aujourd'hui même nous donnons le dessin de celui de ses tableaux qui avoit fixé les regards du prince, dont, à chaque ligne, l'éloge viendroit se placer sous notre plume, si, dans notre position particulière, nous ne craignions pas qu'il ne parût intéressé... Quelquefois un respectueux silence est commandé; on comprendra les motifs du nôtre.

Au déclin du jour, une jeune paysanne, montée sur un âne, pousse devant elle des chèvres et des moutons qui traversent un ruisseau : derrière elle, et dans l'ombre dont est couverte déja une chaumière peu éloignée, on aperçoit un pâtre qui conduit le reste du troupeau : des montagnes, au pied desquelles s'élèvent les ruines de quelque château, étendent leur chaîne jusqu'à l'horizon : voilà l'ensemble du cadre de M. Ommégank.

Un coloris chaud, des oppositions brillantes, qui, plus factices que vraies, sont cependant d'un effet heureux, de l'habileté dans la touche, un faire qui annonce un pinceau libre et exercé, telles sont les qualités par lesquelles se distingue et se classe cette production spirituelle.

(1) Tableau peint sur toile; hauteur 1 pied 11 pouces, largeur 2 pieds 3 pouces. — (2) D'Anvers.

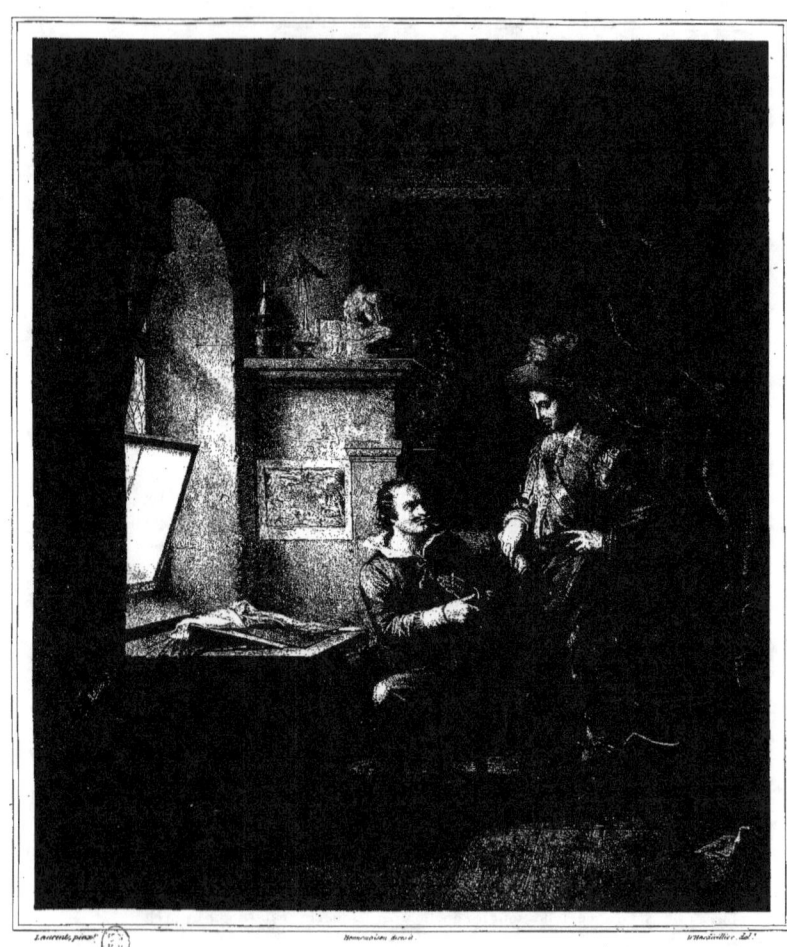

Un trait de la vie de Vallée.

UN TRAIT DE LA VIE DE CALLOT,

PAR M. LAURENT.

Jacques Callot, peintre, graveur et dessinateur, naquit d'une famille noble, à Nanci, en 1593. A l'âge de douze ans, son goût naturel pour les arts lui fit abandonner la maison paternelle, dans la crainte de se voir forcé à embrasser une autre profession. Étant parti furtivement pour l'Italie, sans aucun moyen d'existence, il se vit contraint, pour subvenir à ses frais de voyage, de se joindre à une troupe de Bohémiens qui devoient passer à Florence.

Arrivé dans cette ville, Callot fut, par les soins d'un officier du grand-duc, placé chez Cantagallina, où il s'appliqua à copier les ouvrages des grands maîtres. Reconnu par des marchands de Nanci, dans un voyage qu'il fit à Rome, il fut ramené par eux chez son père. S'étant échappé de nouveau, et reconduit encore à Nanci par son frère aîné, il obtint enfin l'assentiment de ses parents pour retourner en Italie. Sans vouloir le suivre dans le cours de ses études, ni dans celui de ses succès auprès du duc de Florence et du prince Henri de Lorraine qui le combla de ses bienfaits, nous dirons seulement qu'en 1628 sa grande réputation le fit appeler en France pour dessiner et graver la *Vue du siège de la Rochelle* et celle de l'*Attaque de l'île de Ré;* mais après la prise de Nanci, sollicité d'éterniser par la gravure le souvenir de cette conquête, il répondit à ceux qui, en lui faisant cette proposition, lui laissoient le choix entre les dons de la munificence royale, ou les effets de la colère de Louis XIII: « Je me « couperois le pouce plutôt que de faire quelque chose de contraire à l'honneur de « mon prince ou de ma patrie ». » Ce trait honorable a fourni à M. Laurent le sujet de son tableau.

Callot, entouré des objets relatifs à son art, est dans son atelier au moment où

(1) Tableau peint sur bois; hauteur 2 pieds, largeur 1 pied 8 pouces. Salon de 1817.
(2) Loin de condamner cette noble fermeté, le Roi y applaudit, et offrit même à Callot une pension de 3,000 livres pour l'attacher à son service; mais l'artiste, préférant sa liberté à tous les trésors du monde, refusa les libéralités du monarque; épuisé par le travail, il mourut à Nanci le 27 mars 1635. Plus de 1,600 pièces composent son œuvre.

UN TRAIT DE LA VIE DE CALLOT.

l'envoyé du cardinal de Richelieu arrive auprès de lui. En écoutant la demande que le ministre lui fait faire au nom du prince, il abandonne ses pinceaux, se retourne brusquement, et son geste et l'expression de sa figure répondent même avant qu'il ait parlé.

Composé avec une intelligence supérieure, ce morceau est d'une exécution parfaite; tous les accessoires sont convenables et de bon goût; on remarque entre autres une gravure de *la Tentation de saint Antoine*[1], attachée à la muraille de l'atelier. Sous le rapport de la finesse des tons, et du fini précieux du travail, cet ouvrage est comparable à ce que l'école flamande nous a laissé de plus beau. La lumière argentée répandue sur l'ensemble du cadre, et produite par l'interposition d'un chassi de papier transparent placé devant la fenêtre qui éclaire le lieu de la scène, est de l'effet le plus harmonieux et le plus pittoresque.

En entrant dans la carrière, M. Laurent se fit connoître par des miniatures agréables. Il renonça ensuite à ce genre, et se livra à de petites compositions tout-à-fait anacréontiques. Ses amours dans une rose, dans une coupe, eurent une vogue, dont il appartenoit seulement à l'auteur de faire changer l'objet, en traitant de nouveaux sujets, qui, sans cesser d'être aussi gracieux, présentèrent plus de variété et plus d'intérêt. *La Marchande de reliques*, exposée au Salon de 1810, lui valut les suffrages de tous les gens de goût. De ce moment, chaque exposition devint pour lui l'époque d'un nouveau triomphe.

Bathilde rendant la liberté à de jeunes esclaves[2], *Duguesclin enfant*[3], *Galilée*[4], et un grand nombre d'ouvrages où le mérite de la pensée est encore relevé par celui de l'exécution, ont consolidé la réputation de M. Laurent. Après avoir recueilli le prix de ses travaux, il vient de retourner parmi les amis de son enfance. Directeur d'une école de dessin, il va maintenant, par son exemple et ses leçons, faire fleurir dans son pays l'art enchanteur auquel il dut les succès les plus flatteurs et ses plus douces jouissances!...

---

(1) L'un des ouvrages les plus connus et les plus recherchés de Callot.
(2) 1814. (3) 1817. (4) 1822. Ces trois tableaux font partie de la galerie du Luxembourg.

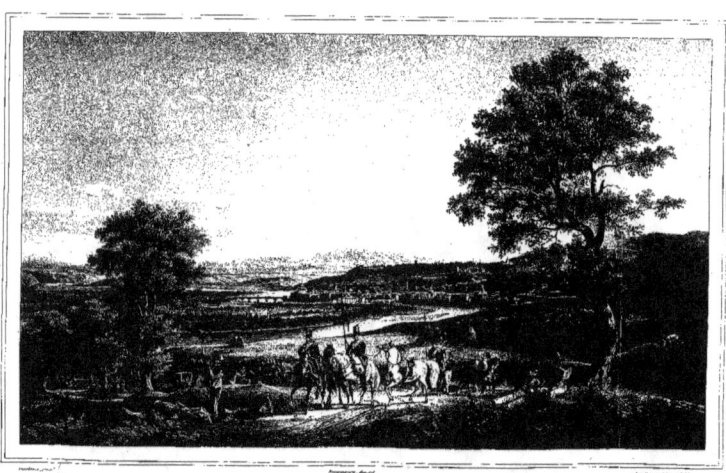

Vue de Lyon

VUE DE LYON[1],

PAR M. DUCLAUX.

Qu'un roi des Celtes, appelé Lugdus, ait fondé Lyon, et lui ait donné son nom[2]; qu'un prince gaulois, Mormo, conseillé par les oracles, ait bâti sur le confluent de la Saône et du Rhône une ville qu'il auroit nommée *Lugdunum*[3], parcequ'elle étoit assise sur une colline, et qu'il avoit vu des corbeaux en ce lieu[4]; qu'enfin Lyon doive son origine et son nom à un Romain[5], ou à une légion de Jules César[6]; ou plutôt qu'à cause des malheurs que cette cité éprouva, à diverses époques, on ait voulu lui donner un nom de deuil[7]; nous ne nous arrêterons point à éclaircir une matière où des érudits ont épuisé tous les arguments de leur dialectique, sans décider une question qui a donné lieu à de si longues controverses. Un autre intérêt, indépendant de l'ancienneté de sa fondation, de l'étymologie de son nom, est attaché à la ville de Lyon. Par la richesse de son commerce, l'industrie de sa population, les avantages de sa situation topographique, elle s'est placée depuis long-temps au premier rang parmi les villes de France, et, à plus d'un titre, elle mérite d'occuper également les veilles de l'historien et du peintre.

Les druides y tinrent leurs assemblées; les Phéniciens et les Grecs y formèrent des établissements; les Romains y envoyèrent des colonies. Son histoire est féconde en glorieux, en tristes souvenirs! Elle fut, à des époques diverses, le théâtre des solennités les plus brillantes, et des catastrophes les plus déplorables. Tous les auteurs ont

---

(1) Tableau peint sur toile; hauteur 1 pied 9 pouces, largeur 3 pieds. Salon de 1819.
(2) De *Lugdus* et de *dunum*, qui signifie *montagne* ou *éminence*, on avoit fait, dit-on, *Lugdidunum*, puis *Lugdunum*.
(3) Colline des Corbeaux.
(4) Voyez Plutarque et Strabon.
(5) Lucius Plancus.
(6) Appelée *Lugda*.
(7) On l'auroit appelée *Lugdunum*, comme pour dire *Lugens dunum*, la montagne pleurante, ou *Luctûs dunum*, la montagne de deuil.

VUE DE LYON.

parlé de ses prospérités et de ses infortunes, de ses joies et de ses douleurs. A l'aspect de cette ville, on ne peut se défendre de je ne sais quelle émotion. A l'admiration que cause la vue de ses riches établissements, se mêle le souvenir amer de ses récents désastres.

C'est cette cité florissante et populeuse que nous offre le cadre de M. Duclaux. Elle remplit tout le fond du tableau, et sa vaste enceinte semble n'avoir d'autres bornes que celles de l'immense horizon. Ses maisons, et ses édifices les plus somptueux, se groupent largement et de la manière la plus pittoresque. Un ciel pur et lumineux répand ses vives clartés sur la ville. Des chasseurs à cheval, escortant un convoi qui suit la route de Gênes, occupent les premiers plans. Ces figures, touchées avec autant d'esprit que de correction, jettent du mouvement dans cette composition, très remarquable d'ailleurs par l'exacte observation des grandes lignes de la perspective et des effets de l'optique, par l'harmonie et la finesse des tons, par l'extrême précision des détails, la richesse de l'ensemble, et enfin par un coloris transparent, une exécution libre et soignée tout à-la-fois, qualités qui semblent indispensables à ce genre d'ouvrages, et qu'on n'y trouve pas toujours réunies au degré de perfection où elles se présentent dans celui-ci.

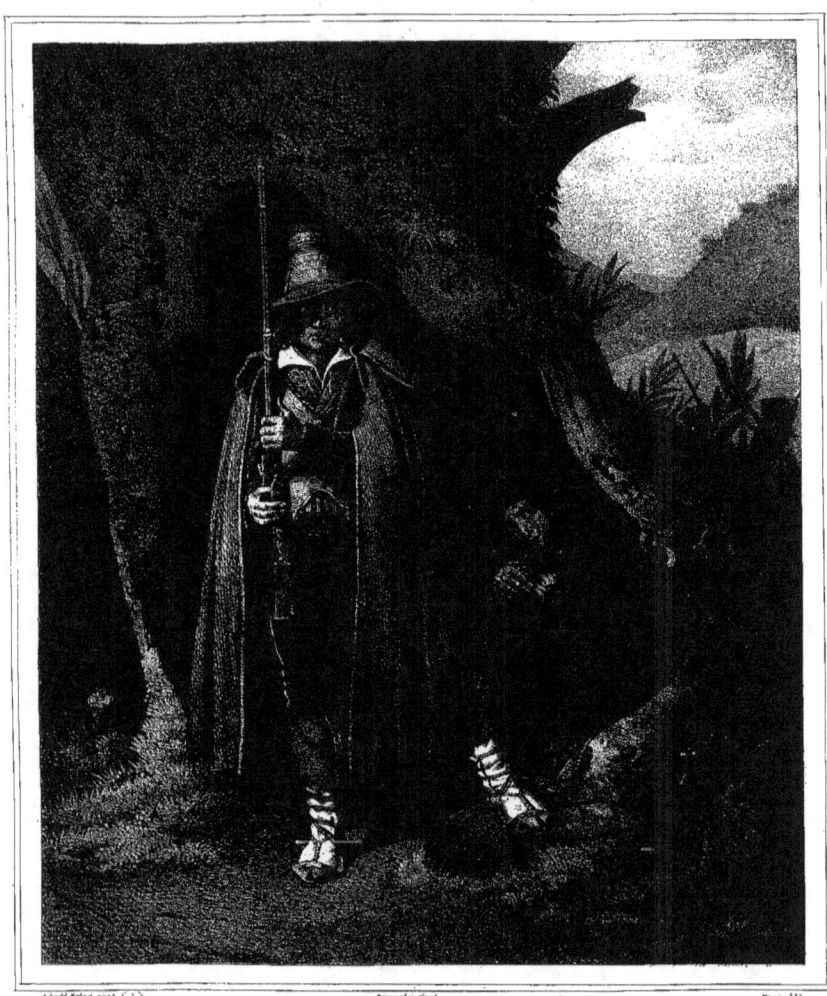

Un brigand et sa femme.

UN BRIGAND ET SA FEMME¹,

PAR M. ROBERT².

Quand on a lu l'ouvrage de lady Morgan³, on n'ambitionne pas de connoître autrement que par ses récits ces bandits audacieux qui infestent la campagne de Rome, et qui se disputent avec la *Mal-Aria* l'honneur d'en faire un lieu de désolation. La noble dame nous peint avec des couleurs si frappantes la science de ces héros de grand chemin dans l'art du stylet, l'insouciance du gouvernement qui laisse leurs excès impunis, qu'on frémit seulement à l'idée de se trouver sur la route de Rome, ou de Pouzole au déclin d'un beau jour d'été. Nos peintres au contraire nous présentent ces délieurs de bourses de manière à les rendre intéressants. Leur physionomie prononcée, leur teint brûlé par le soleil, les détails de leur costume bizarre et pittoresque, la situation où ils se trouvent, tout sert à donner à ces personnages un aspect neuf et singulier. Sans songer aux crimes dont s'est rendu coupable le bandit, on ne songe qu'à sa position présente. Fuyant les soldats du pape, il a cherché un refuge dans le creux d'un vieux tronc d'arbre frappé par la foudre. La compagne de ses dangers et de ses sanglants exploits veille près de cette retraite précaire. Elle craint que les cris de son enfant ne la trahissent. Elle suit de l'œil ceux qui sont à la poursuite de son époux. Cette femme est jeune, elle est belle; son mari est jeune aussi, ses formes athlétiques, son front élevé, son regard assuré, tout en lui est d'un héros, mais la fortune avoit marqué sa place : il auroit pu devenir un conquérant fameux, et c'est un misérable assassin !

Voilà le tableau de M. Robert, dont plusieurs ouvrages ont déjà mérité d'unanimes éloges; ajoutez-y une couleur vigoureuse, une touche ferme, des détails peints largement, et vous aurez une juste idée de ce tableau, qui n'est indigne sous aucun

(1) Tableau peint sur toile à Rome, 1825; hauteur 1 pied 8 pouces, largeur 1 pied 3 pouces.
(2) Léopold.   (3) Sur l'Italie.

UN BRIGAND ET SA FEMME.

rapport de la collection où il se trouve. Il est permis, à la vue de ce petit cadre, de faire une réflexion bien vraie, c'est que la mode plus que jamais exerce en ce moment sa despotique influence sur le choix des sujets que nos peintres se plaisent à traiter. En vain la classique académie puise tous ses programmes dans l'histoire de Rome et d'Athènes : dès que les jeunes néophytes ont franchi le seuil de la loge, secoué la poussière de l'atelier, ils n'écoutent plus que les lois que la mode capricieuse leur prescrit. Fragonard père avoit mis les scènes voluptueuses en vogue. Que de *baisers rendus*, que de *poulets écrits*, que de *rendez-vous donnés! Les intérieurs* ont fait fureur; *les familles malheureuses, les veuves, les orphelins*; enfin tous ces tableaux lugubres, qu'un homme d'esprit appeloit des *complaintes*, ont rempli successivement les boudoirs et les laboratoires de toutes nos dames du bon ton; mais tout cela vieillit; il faut du neuf, et les *bandits italiens* ont depuis quelque temps le privilège exclusif d'occuper l'imagination de nos peintres. Ils balancent au Salon la vogue des sujets grecs, qui, pour le dire en passant, sont pourtant bien plus intéressants, bien plus susceptibles de se prêter au développement d'un beau talent inspiré par une ame généreuse et fière.

On demandoit un jour à un jeune artiste, qui a déja cueilli plus d'une palme[1], ce qu'il faisoit : « Je fais, répondit-il, un peu de grec et un peu de brigand; ce sont les seuls articles qui aillent maintenant. » Cette plaisanterie renferme une vérité affligeante : les arts sont devenus trop spéculateurs chez nous!

[1] M. Delacroix.

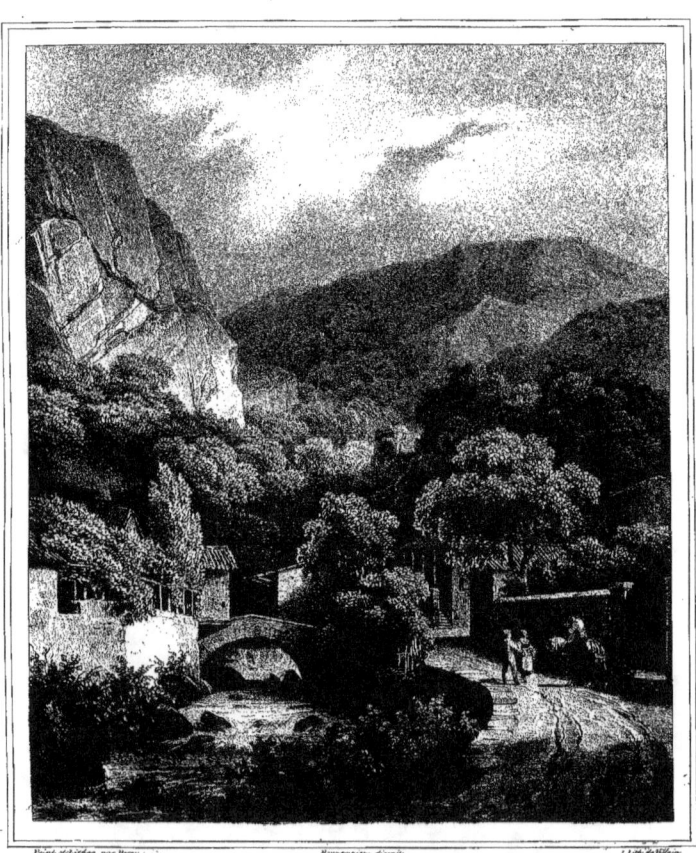

Vue du Pont de Sassenage.

VUE DU PONT DE SASSENAGE[1],

PAR M. DEROY[2].

Le bourg de Sassenage est également bien noté sur la carte des gastronomes et sur celle des peintres; les uns citent ses excellents fromages, les autres sa situation pittoresque, ses *cuves*, ses belles eaux, et ses cascades comparables à celles de la Suisse.

C'est le pont de Sassenage, auquel tous les artistes qui parcourent les campagnes fertilisées par l'Isère ne manquent pas de s'arrêter, qu'offre le tableau de M. Deroy. Les ouvrages à l'huile de ce peintre sont peu nombreux, et celui-ci est un des plus agréables. La couleur en est vraie, la touche facile et légère.

Des aquarelles d'une finesse extrême, et des lithographies très remarquables, au nombre desquelles vient naturellement se placer celle de *la Vue du pont de Sassenage*, ont fait à M. Deroy une réputation que ses travaux justifient chaque jour davantage.

[1] Tableau peint sur toile; hauteur 1 pied 5 pouces, largeur 1 pied 2 pouces. Salon de 1824.
[2] Né à Paris en 1797.

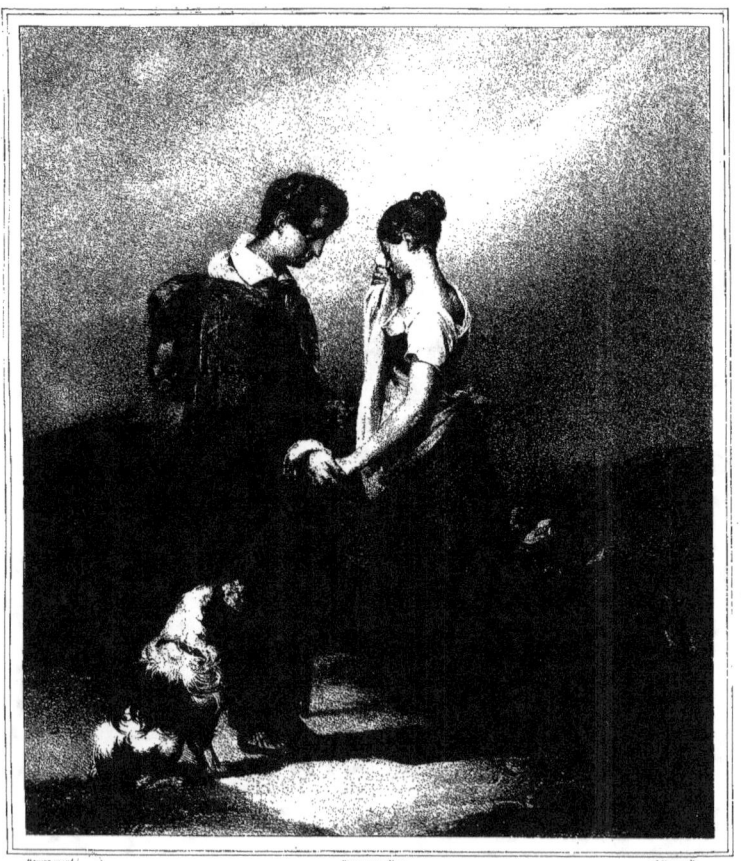

Le départ du Conscrit.

LE DÉPART DU CONSCRIT[1],

PAR M. BEAUME[2].

Il va partir, il va quitter sa mère et sa mie, l'ordre fatal est arrivé! et le sort, trompant les espérances de la tendresse maternelle et de l'amour malheureux, ne lui a laissé qu'un mauvais numéro! Sa pauvre mère, succombant à sa douleur, est restée immobile et muette sur le seuil de sa chaumière. Soutenue par son amour, sa jeune maîtresse l'a suivi jusqu'aux bornes du village; l'instant des derniers adieux est arrivé. Que les regrets de ce couple aimable sont vrais et touchants!

Rien n'est plus gracieux ni plus naïf que cette composition. La figure du conscrit est d'une vérité frappante et d'un coloris brillant; celle de la jeune fille est moins heureuse, et présente des lignes moins agréables; toutefois elle est remplie de pudeur et d'une expression charmante.

On remarque, dans ce cadre, cette manière large, cette touche ferme, et cette couleur solide, qui donnent un mérite réel aux ouvrages de M. Beaume, et que l'on distingue particulièrement dans *l'Invalide mourant, Alain-Chartier, la Mère infirme*[3], tableaux accueillis avec faveur, et qui ont justement consolidé la réputation que M. Beaume s'étoit acquise dès ses débuts dans nos expositions publiques.

Né dans le midi de la France, cet artiste est doué d'une imagination vive et brillante; cependant quelques unes de ses productions offrent des réminiscences qui pourroient laisser croire qu'il ne suit pas toujours ses propres inspirations. Nous l'engageons, dans l'intérêt de sa gloire, à ne chercher à imiter personne; il est assez riche de son fonds sans aller glaner ailleurs; qu'il soit lui, toujours lui-même, et il y gagnera aussi bien que les amateurs qui, comme nous, lui reconnoissent un talent original et facile.

(1) Tableau peint sur toile; hauteur 1 pied 4 pouces, largeur 1 pied 2 pouces. Exposition pour les Grecs, 1826.
(2) Élève de M. Paulin Guérin.   (3) Salon de 1824.

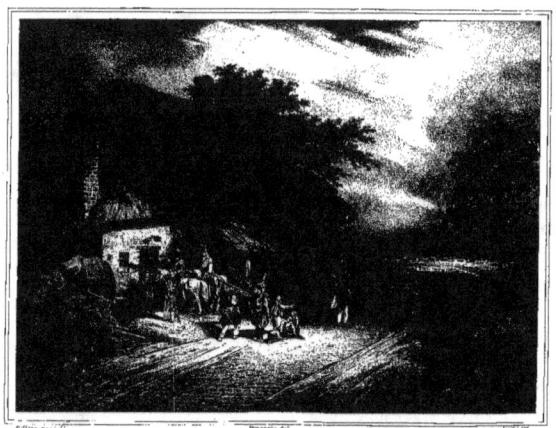

Halte Militaire.

HALTE MILITAIRE[1],

PAR M. BELLANGÉ[2].

Après avoir fait halte à la chaumière que vous trouvez à votre gauche, au bord de la grande route, et qui, dans les occasions comme celle-ci, se transforme en cabaret, en auberge pour les voyageurs *à pied et à cheval*, le régiment s'est remis en marche. Il descend dans une profonde vallée, et s'avance lentement, par un chemin dont l'œil suit aisément les ondulations à travers les champs, vers une petite ville que l'on découvre à l'horizon.

Mais dans tous les corps armés il y a des traîneurs, des musards; il en reste encore quelques uns à la porte de l'auberge que le plaisir de fêter le vin joyeux de l'hôte et de conter fleurette à la fille a retenus dans ce lieu. S'ils ne se hâtent d'arriver au but de leur destination, la pluie qui va bientôt s'échapper du flanc des nuages dont le ciel est voilé les fera repentir de s'être oubliés sous le toit hospitalier du cabaretier.

Voilà la scène qu'offre ce petit tableau dont l'aspect est brillant et pittoresque. Le rayon lumineux qui frappe dans l'éloignement sur la ville présente un contraste d'un heureux effet avec les masses rembrunies du premier plan. On diroit que, sous le rapport de la couleur et aussi de la manière, M. Bellangé, dans le paysage, s'est inspiré des ouvrages de Ruisdael. Les figures de ce petit cadre sont touchées avec autant d'esprit que de vérité. L'artiste excelle dans ce genre.

M. Bellangé s'est essayé dans des compositions d'une plus grande dimension. Nous avons vu de lui *la Bataille d'Aboukir*[3] qui obtint les honneurs du Louvre, et *le Pont d'Arcole* qui n'y fut pas admis. Ces deux morceaux lui ont valu d'honorables suffrages.

(1) Tableau peint sur toile; hauteur 9 pouces, largeur 1 pied. Salon de 1825.
(2) Hippolyte né à Paris.
(3) En 1824.

HALTE MILITAIRE.

Le dernier étoit sur-tout remarquable par une ordonnance pittoresque et bien entendue des groupes, et par une vérité de costume qu'on n'observe pas toujours aussi bien.

Les nombreuses lithographies que publie chaque année M. Bellangé ont, avec celles de l'inimitable Charlet, une vogue populaire. Elles font les délices des coryphées des faubourgs et des tavernes, et se classent, en les enrichissant, dans les portefeuilles des amateurs éclairés.

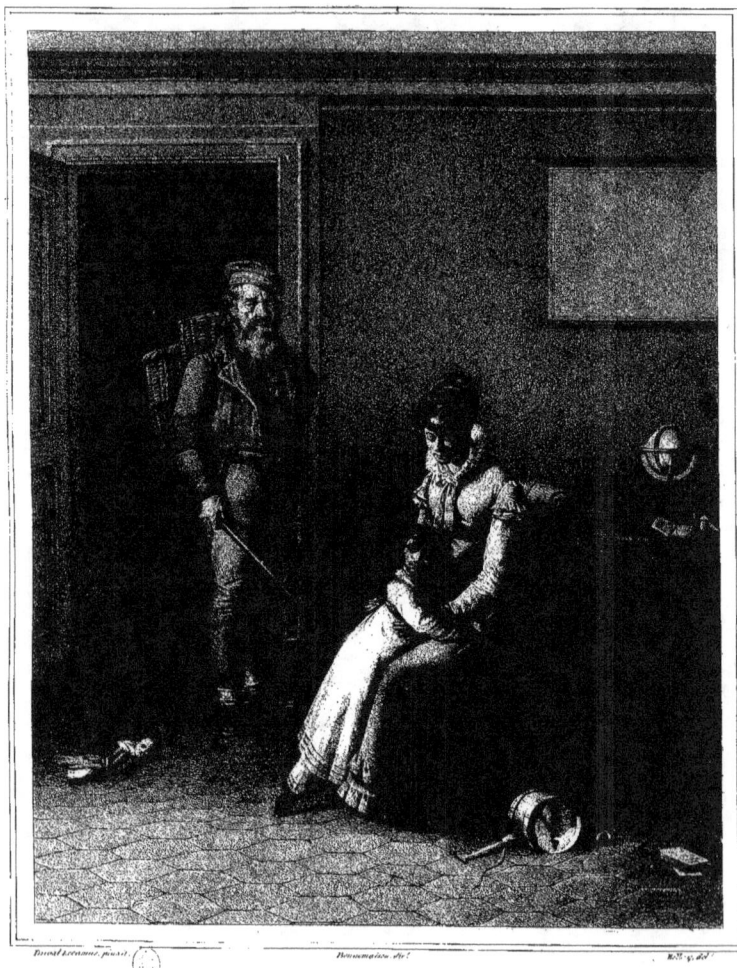

CROQUE-MITAINE[1],

PAR M. DUVAL LECAMUS[2].

Les loups-garous ne font plus peur qu'aux petits paysans de la Basse-Normandie ou de la Gascogne, *Croque-Mitaine* les a détrônés dans nos villes du premier ordre, et il a trouvé, dans l'empressement des bonnes à redire son nom, un moyen aussi puissant de porter la terreur parmi la gent enfantine, que s'il avoit eu à sa disposition les cent trompettes de la renommée. Nous ne répèterons point ici tout ce que produit la magique influence de ce nom sur l'esprit d'un crédule enfant; nous ne chercherons pas non plus à faire une querelle aux jeunes demoiselles (qui, sous le petit bonnet rond et le tablier de percale, rivalisent d'attraits et d'élégance avec leurs indolentes maîtresses), parcequ'à tous propos, sur-tout quand *le sapeur*, ou *l'aimable coureur*, leur causent des distractions, elles menaçent de la fureur de Croque-Mitaine les innocentes créatures confiées à leurs soins mercenaires; tout cela nous entraîneroit trop loin, et nous ne voulons parler que du tableau de M. Duval. Une petite fille obstinée, un petit méchant garçon, avoient mis hors d'elle-même leur douce et patiente mère; tout-à-coup elle invoque Croque-Mitaine, et Croque-Mitaine paroît sous les traits d'un honnête chiffonnier, et les joujoux sont abandonnés, et les petits diables sont en fuite. Cette scène est pleine de grace et de naïveté. On prétend que les ouvrages de M. Duval sont froids, et trop méthodiquement exécutés; nous ne partageons en rien cette opinion. Ses sujets, pris dans nos mœurs, dans nos habitudes, en sont une image fidèle; sa touche est délicate, son dessin pur. Peut-être pourroit-on desirer plus de vigueur dans son coloris, un choix plus aimable de têtes; mais qu'il nous soit permis de dire (cela sans prévention aucune) que les ouvrages de M. Duval sont du petit nombre de ceux qui, de cet ordre et de ce genre, resteront parmi les productions de l'école actuelle.

[1] Tableau peint sur toile; hauteur 1 pied, largeur 9 pouces. Salon de 1824.
[2] Pierre, né à Lisieux en 1791, membre et associé de plusieurs sociétés savantes.

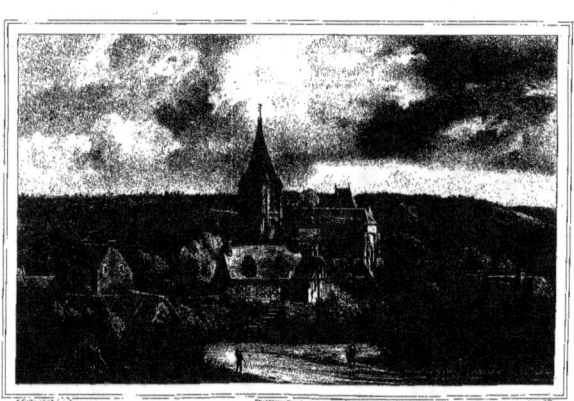

Vue de l'Église d'Acquis.

VUE DE L'ÉGLISE D'ARQUES[1],

PAR M. T. GUDIN.

L'auteur de ce tableau vogue à pleines voiles vers la fortune et la gloire. Plus heureux que la plupart des peintres de l'ancien temps, il a fixé sur son bord ces deux capricieuses divinités, et chacune d'elle lui prodigue à l'envi ses faveurs. Nautonier habile, il sait éviter les rescifs ; et les vents aussi bien que les ondes le poussent vers le rivage où tendent tous ses vœux. On nous pardonnera cette métaphore, puisqu'il s'agit ici d'un *peintre de marines*, qui semble se faire des difficultés de son art un délassement plutôt qu'une étude. M. Gudin est un de ces êtres privilégiés pour qui la nature a tout fait. La *Vue de l'église d'Arques* n'est, à proprement parler, qu'une étude. Si l'aspect du tableau est généralement froid, il faut l'attribuer au temps, à l'heure où l'artiste étoit en présence de son modèle. On diroit que dans cet ouvrage il a cherché la manière des Anglois. Si cette pensée n'est point une hypothèse, il faut dire que cette imitation n'a rien de servile : et la touche ferme, le coloris vrai du peintre, donnent à cette production assez de mérite pour qu'elle ne puisse être que le fruit d'un pinceau exercé.

[1] Tableau peint sur toile en 1826; hauteur 1 pied 4 pouces, largeur 2 pieds.

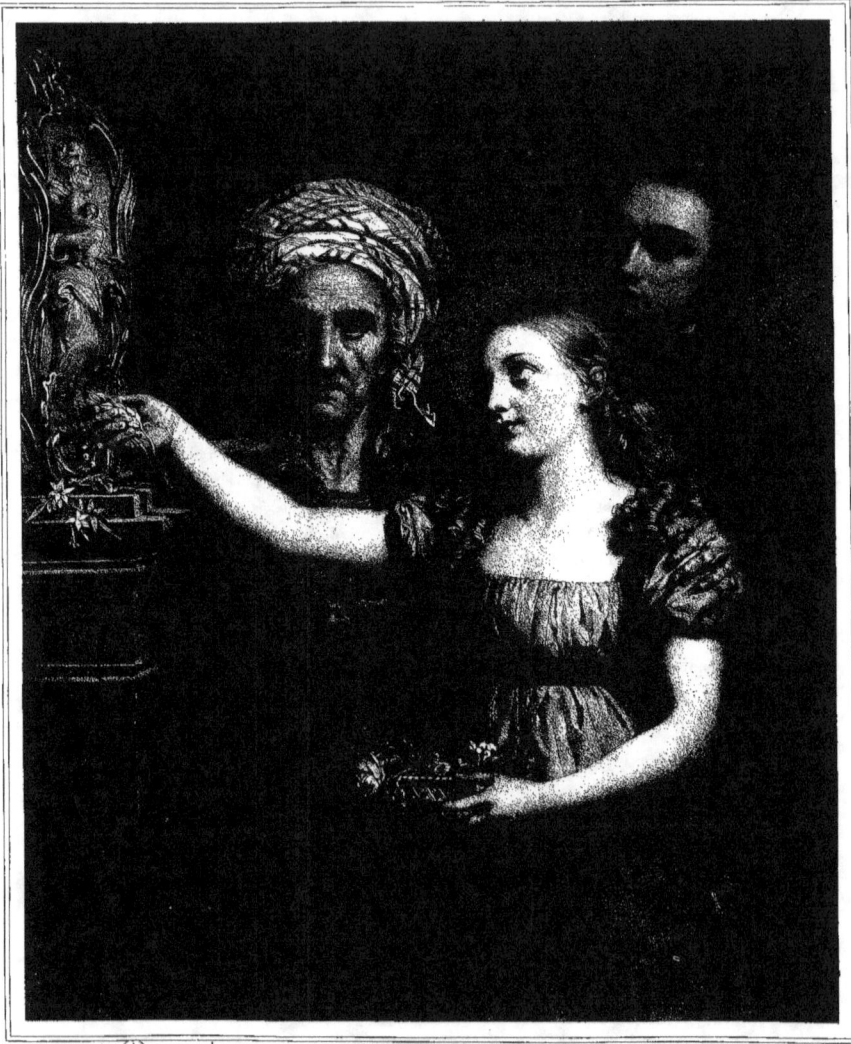

L'Offrande a la Vierge

OFFRANDE A LA VIERGE[1],

PAR M. DUBOIS-DRAHONÉ.

On peut croire que les figures dont se compose ce tableau sont des portraits. On s'imagine même qu'ils doivent être d'une ressemblance frappante. Les modèles étoient là quand l'artiste peignoit. Si l'ensemble de cet ouvrage laisse quelque chose à desirer sous le rapport de l'ordonnance et de la composition, on n'est guère tenté d'en faire un reproche au peintre, tant sa toile offre de beautés d'un ordre supérieur, tant sa palette est riche, et son pinceau brillant et vigoureux! Chacune de ces figures, prise séparément, présente, avec tout le charme de la couleur, un caractère de vérité qui plaît autant qu'il attache. L'ardeur et la naïveté de l'enfance sont bien exprimées dans le mouvement de la jeune fille qui porte des fleurs à l'image de la Vierge ; le respect craintif de l'adolescence se peint sur le front et dans les yeux du jeune garçon ; enfin l'indifférence de la vieillesse se lit dans la fixité des regards de la grand'maman, dont la main débile cherche un appui sur l'épaule de la petite fille. Cette composition ne pouvoit être reproduite avec plus de charme que par le crayon de M. Grévedon, dont les dessins lithographiques sont devenus des modèles en ce genre[2].

[1] Tableau peint sur toile en 1823; hauteur 3 pieds 8 pouces, largeur 2 pieds 8 pouces.
[2] M. Grévedon n'est pas seulement un dessinateur habile, c'est un peintre distingué. Son *Hector mort*, que, pour des causes indépendantes du mérite de l'ouvrage, on n'admit pas à l'exposition du Louvre en 1824, est un très beau tableau et qui appartient à la bonne école.

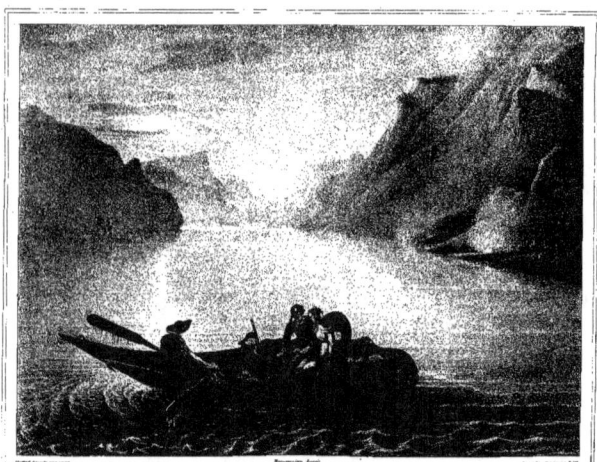

Promenade sur le lac de Genève.

PROMENADE SUR LE LAC DE GENÈVE[1],

PAR M. LE BARON DE CRESPY LEPRINCE[2].

Le lac connu jadis sous le nom de lac Léman coule au milieu d'une vallée qui sépare les Alpes du mont Jura. Les collines charmantes qui le bordent, le contraste des frimas avec la riche verdure qui tapisse les coteaux, et les basses montagnes, tout présente en ce lieu un spectacle dont les sens et les regards sont à-la-fois ravis. Mais la nuit, la clarté mystérieuse de la lune ajoute encore aux effets de ce grand tableau. Ce n'étoit pas assez pour le peintre de s'essayer à reproduire quelques uns de ces magiques effets qui jettent l'ame dans une tendre rêverie; il a voulu, et il a su accroître l'intérêt de sa composition, en nous offrant sur cette mer tranquille, au milieu de cette nuit silencieuse, un couple livré aux illusions si douces, mais si courtes, d'un amour partagé. C'est une idée ingénieuse en effet que d'avoir placé au sein de cette nature si majestueuse, si sublime, cette Julie si confiante, ce Saint-Preux si passionné; car, il faut bien le dire, si la magnifique décoration du lac de Genève enchante les regards, l'admiration qu'elle inspire n'est pas due seulement à ses beautés naturelles; les noms immortalisés par la plume brûlante de Rousseau y répandent je ne sais quel charme, quel touchant intérêt, plus puissant encore sur les cœurs aimants et les imaginations rêveuses, que les trésors dont la main du Créateur a embelli cette contrée!

M. Leprince en cette occasion, autant homme d'esprit que peintre gracieux, a frappé juste. Sans doute que de beaux effets, de belles lignes, des masses bien disposées, une couleur suave, auroient toujours fait remarquer ce tableau; mais en y introduisant les figures dont son pinceau a retracé avec assez de bonheur le caractère et la situation du moment, il a compris le précepte du poëte : *Intéresser et plaire*.

Cet ouvrage confirme les espérances qu'on avoit conçues du talent facile qui créa le

---

(1) Tableau peint sur toile; hauteur 3 pieds 3 pouces, largeur 11 pieds. Salon de 1824.
(2) Charles.

jeune Turenne endormi sur l'affût d'un canon, l'Orpheline, mademoiselle de Clermont, et d'autres sujets encore dont l'à-propos ou le sentiment qui les a inspirés ajoute au mérite de l'exécution.

On doit à M. Leprince, officier distingué, un mémoire sur la lithographie appliquée à l'art militaire, où il développe avec lucidité l'utilité de cette découverte: les secrets de cet art nouveau chez nous ne lui sont pas étrangers. On doit regretter que ses productions en ce genre ne soient connues, si l'on en excepte une[1], que de ses amis ou de ceux dans l'intimité desquels il vit. Une collection de portraits précieuse, autant par le mérite du crayon que par les noms des personnages qu'elle réunit, est l'œuvre de ses loisirs; et dans chacun de ces croquis se révèle tout l'esprit de l'auteur.

(1) Turenne endormi.

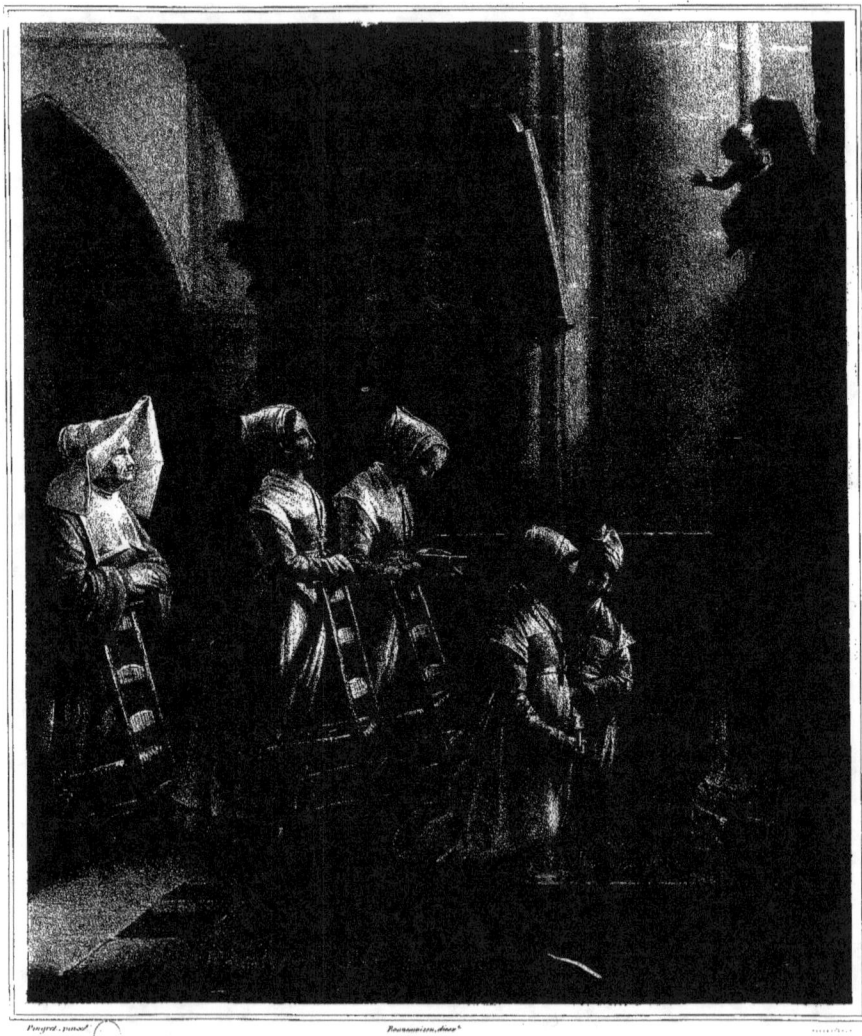

Les Filles de la Croix

LES FILLES DE LA CROIX[1],

PAR M. PINGRET[2].

Nous ne savons point sous quel maître M. Pingret a étudié; il s'est fait une manière et une couleur à lui; et cette manière et cette couleur, si elles n'ont pas cette fougue, cette puissance dont quelques grands artistes ont eu seuls les secrets, et dont leurs chefs-d'œuvre offrent des modèles, ont cependant des qualités qu'on ne pourroit contester sans injustice. M. Pingret excelle à rendre les détails des vêtements, des meubles; ses airs de têtes sont toujours vrais, et ses poses toujours naturelles; ses ouvrages sont d'une exécution soignée, et d'un effet ordinairement piquant. Si quelques parties des tableaux qu'on doit à cet artiste estimable laissent encore quelque chose à désirer, il faut moins l'attribuer à son goût, qu'au dénuement où il se trouve sous le rapport des modèles, qui sont pour nos peintres de la capitale d'un si grand, d'un si constant secours.

M. Pingret est professeur de dessin dans une école de nos départements[3]. C'est dans sa province, dans la ville même qu'il habite, qu'il a pris le sujet du tableau *des Filles de la Croix*. Élevées, non pas dans la crainte, mais dans l'amour du Dieu qui veut être aimé, et que quelques hommes indignes des bienfaits de ce Dieu miséricordieux, nous peignent toujours armé pour la vengeance, ces jeunes filles apprennent, sous les pieuses sœurs qui les dirigent, à pratiquer les vertus modestes dont elles ont sans cesse l'exemple sous leurs yeux. Les voici aux pieds de la Vierge sainte, de cette mère du Sauveur, qui prête également son appui à l'enfance timide, à la vieillesse chancelante, et qui sourit à l'espoir de l'une comme elle affermit la foi de l'autre!

Ce tableau est sagement composé, d'une couleur transparente, et d'un effet heu-

---

(1) Tableau peint sur toile; hauteur 1 pied 8 pouces, largeur 1 pied 5 pouces. 1825.
(2) Édouard.   (3) Saint-Quentin.

LES FILLES DE LA CROIX.

reux. La tête de la vieille sœur porte une expression de bienveillance qui attire les regards vers elle; celles des jeunes filles sont d'une vérité touchante. Le ciel doit être favorable aux prières qui partent de ces cœurs innocents et purs.

Des ouvrages lithographiques[1] ont déja fait connoître avantageusement M. Pingret, et prouvent que son talent flexible se prête sans effort à plus d'un genre de composition.

[1] Les *Vues du département de l'Aisne, un mois en Suisse*, etc., etc. Il va bientôt publier un nouveau recueil de *Vues du pays des Grisons*, qu'accompagnera un texte dû à la plume élégante et spirituelle de M. de Sennone, ancien secrétaire-général du ministère de la maison du Roi.

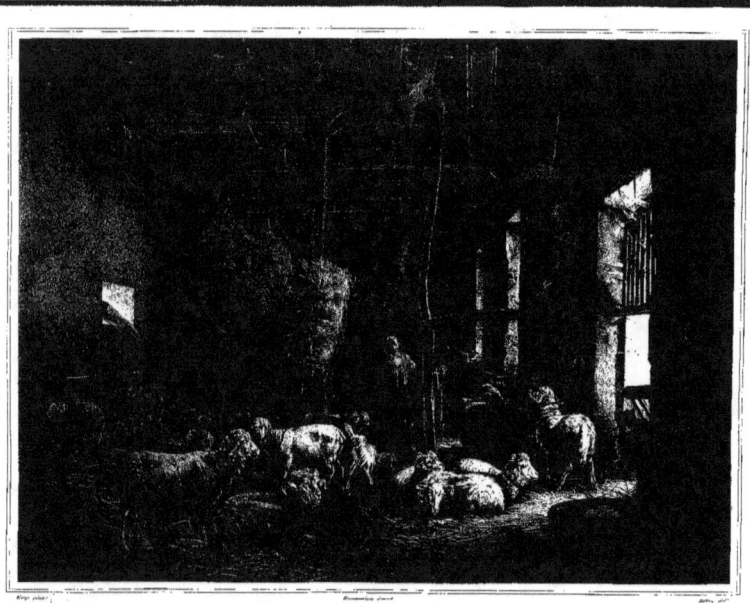

Bergerie au Château du Tremblay

VUE DE LA BERGERIE DU TREMBLAY[1],

PAR M. KNIP.

En honneur chez les peuples de l'antiquité, l'agriculture, dans des temps rapprochés de nous, n'obtint que les dédains des classes élevées; mais l'empire de la raison et de la vérité, auquel le monde peut se dérober quelquefois, sans pour cela jamais lui échapper, l'a replacée de nos jours à son véritable rang. Les hommes les plus recommandables par leurs lumières, par leur illustration héréditaire, n'ont pas dédaigné de s'intéresser à ses progrès, et leurs travaux et leurs soins constants ont enrichi le sol de la patrie de leurs bienfaisantes découvertes.

Un noble citoyen, un serviteur fidèle du monarque, un membre de ce corps auguste qui chaque jour obtient de nouveaux droits à la reconnoissance de la France, M. le marquis de Vérac, n'a pas été le dernier à encourager, à favoriser les essais de l'agriculture, en s'associant lui-même aux efforts des hommes généreux, des savants qui se sont déclarés ses protecteurs.

Le tableau de M. Knip, si frappant de vérité, si beau, si vrai de couleur, si fin de touche, représente l'intérieur d'une étable des bergeries du Tremblay[2]. Dans cet ouvrage précieux, l'artiste moderne s'est placé auprès des peintres d'animaux dont les admirables tableaux ont fait la gloire de l'école flamande. Quand le temps aura passé son vernis sur la toile où la magique palette de M. Knip a déposé ses richesses, il sera difficile de ne pas la comparer à tout ce que la peinture a produit de plus rare et de plus beau dans ce genre.

(1) Tableau peint sur toile; hauteur 2 pieds 2 pouces 6 lignes, largeur 2 pieds 9 pouces 9 lignes.
(2) Cette terre appartient à M. de Vérac.

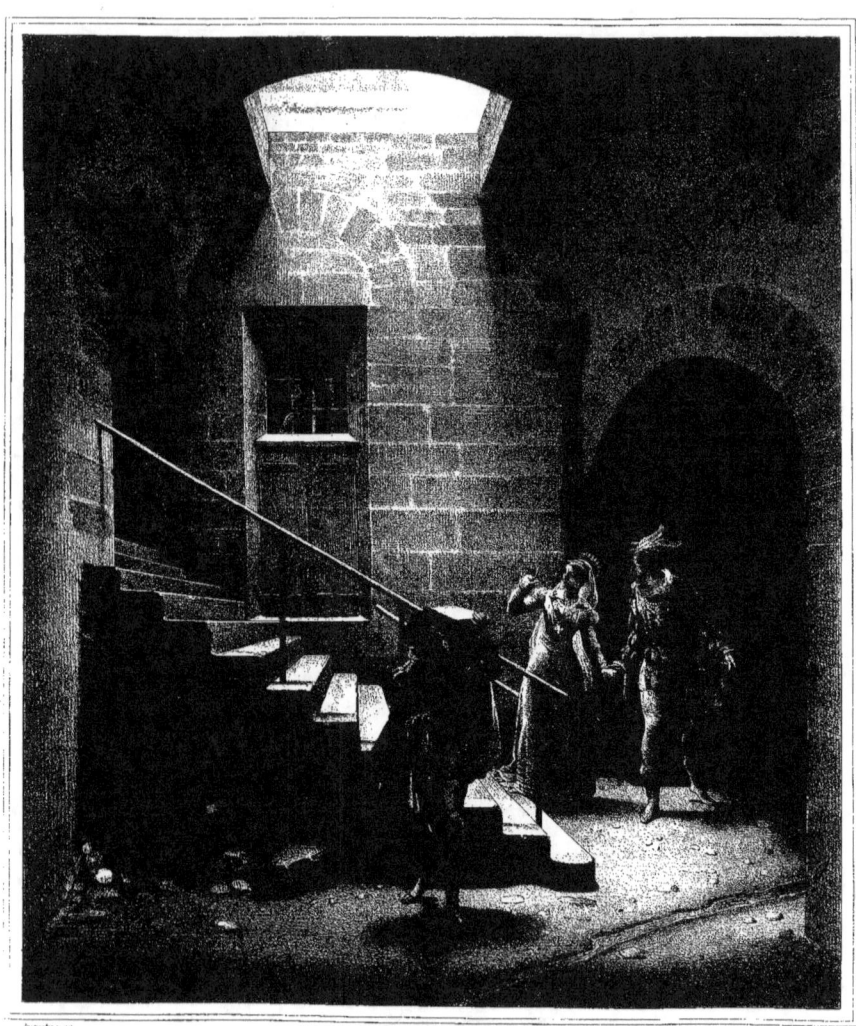

Marie-Stuart à Lochleven.

MARIE STUART A LOCHLEVEN[1],

PAR M. DESTOUCHES.

Quelle destinée eut des vicissitudes plus rapides que celle de cette infortunée reine! Douée de toutes les graces du corps, de tous les dons de l'esprit, elle se vit portée, par l'intrigue et la puissance de ses oncles, sur le premier trône du monde! Mais elle jouit à peine de tous les trésors dont la nature, et la fortune d'accord, s'étoient montrées prodigues envers elle. Cette belle tête, qui devoit ceindre trois diadèmes, roula sous le fer d'un bourreau!

Les historiens, suivant les passions dont ils ont été animés, ou le parti qu'ils ont servi, ont peint Marie Stuart, ou comme une vile criminelle, abandonnée aux excès de la débauche, ou comme une victime innocente de l'ambition la plus odieuse, de la cruauté la plus froide. Ce n'est point à nous à nous établir juge dans cette grande question, mais, exprimant notre unique sentiment, il nous est permis de dire que la fin déplorable de la princesse la plus aimable de cette époque, a suffisamment expié les fautes, les crimes même que l'inexpérience et l'amour ensemble lui firent commettre.

C'est dans le château de Lochleven, où elle étoit exposée à tous les outrages d'une femme arrogante et vindicative[2], que M. Destouches a placé cette reine malheureuse; elle est près d'échapper, sous la conduite d'un serviteur dévoué, à la surveillance tyrannique des satellites d'Élisabeth.

Les figures de ce tableau n'en sont, pour ainsi dire, que l'accessoire; car on diroit que, dans cette production, M. Destouches n'a voulu qu'être peintre d'*intérieur*. Il a

---

[1] Tableau peint sur toile; hauteur 2 pieds 9 pouces, largeur 2 pieds 2 pouces. Salon de 1824.
[2] Walter Scott a, dans le roman de *l'Abbé*, fait du château de Lochleven et de la captivité de Marie Stuart un épisode admirable.

MARIE STUART A LOCHLEVEN.

réussi complétement, si telle a été son intention. Tout est d'une vérité frappante dans la couleur, et dans les détails de ces vieux murs de ce sombre escalier; la nature et ses accidents y sont saisis de la manière la plus parfaite; et nous ne craignons pas de dire que MM. Granet, Bouton, Daguerre dont les ouvrages sont des modèles en ce genre, ne désavoueroient point celui-ci où les figures sont d'ailleurs traitées avec une grace et un goût exquis.

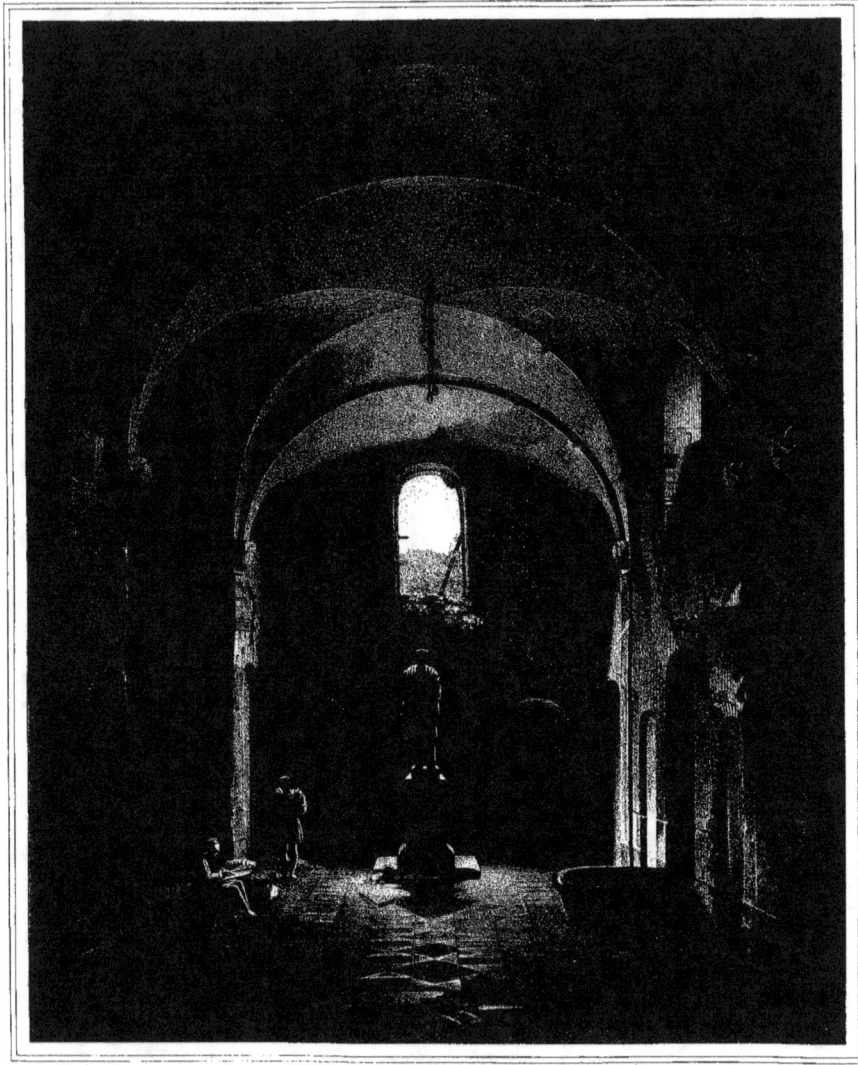

Thermes de Julien.

LES THERMES DE JULIEN[1],

PAR M. BOUTON.

Dans la première partie de cet ouvrage[2], nous avons dit que, parmi les tableaux qui avoient le plus concouru à établir la haute réputation de M. Bouton, il falloit citer les *Thermes de Julien*. C'est celui-là même dont nous donnons aujourd'hui une copie fidèle, burinée par le crayon ferme et plein de couleur de M. Weber.

A Paris, et dans la partie méridionale de cette ville, il s'est conservé des restes considérables d'un édifice de construction romaine, qui, depuis environ sept cents ans, a porté le nom de *Palais des Thermes*, et qui le porte encore. Ce palais étoit certainement le même que celui où quelques Césars et quelques Augustes ont, dans les troisième et quatrième siècles, passé leurs quartiers d'hiver. Il n'est point d'autre édifice à Paris qui, pendant tant de siècles, ait résisté à l'action destructive du temps et des hommes[3].

Plusieurs écrivains de l'antiquité ont parlé de ce palais en l'indiquant d'une manière honorable. Zosime le qualifie de *Basilique*. Il raconte comment des troupes auxiliaires, venues récemment des bords du Rhin, et mécontentes d'une expédition lointaine à laquelle on les destinoit, résolurent d'un commun accord d'élever le César Julien à la dignité d'Auguste. Exaspérées par les refus de ce prince, elles se portèrent tumultueusement au palais des Thermes, et en brisèrent les portes[4].

Ammien Marcellin entre encore dans de plus grands détails sur cet événement, et donne le nom de *Palais* à la demeure où, dans de secrets souterrains, Julien cherchoit à se dérober aux empressements séditieux des légions étrangères.

Julien lui-même désigne cet édifice, et il écrit que pendant un hiver rigoureux,

---

(1) Tableau peint sur toile; hauteur 4 pieds 5 pouces, largeur 3 pieds 6 pouces. Salon de 1814.
(2) Voir la notice de *la petite Baigneuse*.
(3) DULAURE. *Hist. de Paris*, tom. 1, p. 121.
(4) ZOSIM. *Hist.*, lib. III.

LES THERMES DE JULIEN.

ayant consenti à ce que l'on allumât des fourneaux destinés à sécher les parois des murs humides de ce palais, la vapeur du charbon faillit à lui devenir funeste.

Les restes de cet antique édifice sont situés dans le voisinage du quartier Saint-Jacques. Pendant long-temps un humble tonnelier fit son atelier de la demeure des Césars, et dans sa douce incurie il fouloit le sol où s'étoient imprimés les pas des grands de la terre!

En 1819 le préfet de la Seine fit l'acquisition de l'emplacement sur lequel se trouvent les ruines des Thermes. Des déblaiements ont été faits, et l'on a restauré les parties existantes de ces antiquités. Elles sont devenues pour les *peintres d'intérieur* un objet d'études constantes. Le palais des Thermes a été reproduit aussi souvent que la *Porte de Fleury*, ou *la Fontaine de Ville-d'Avray*, où les jeunes paysagistes ne manquent jamais d'aller chercher leurs premières inspirations.

Le tableau de M. Bouton est d'une belle couleur, d'un faire large et vigoureux. La lumière y est distribuée avec cette magie qui fait des *Dioramas* de cet artiste autant de chefs-d'œuvre, dont l'apparition est signalée dans les annales des arts par les applaudissements unanimes du public[1].

(1) M. Bouton s'occupe en ce moment de la publication d'un ouvrage lithographique qui contiendra la représentation exacte de ses nombreuses productions. Ce recueil, recherché des amateurs, sera d'une incontestable utilité pour ceux qui cultivent le genre dont ce peintre a étendu si loin les limites.

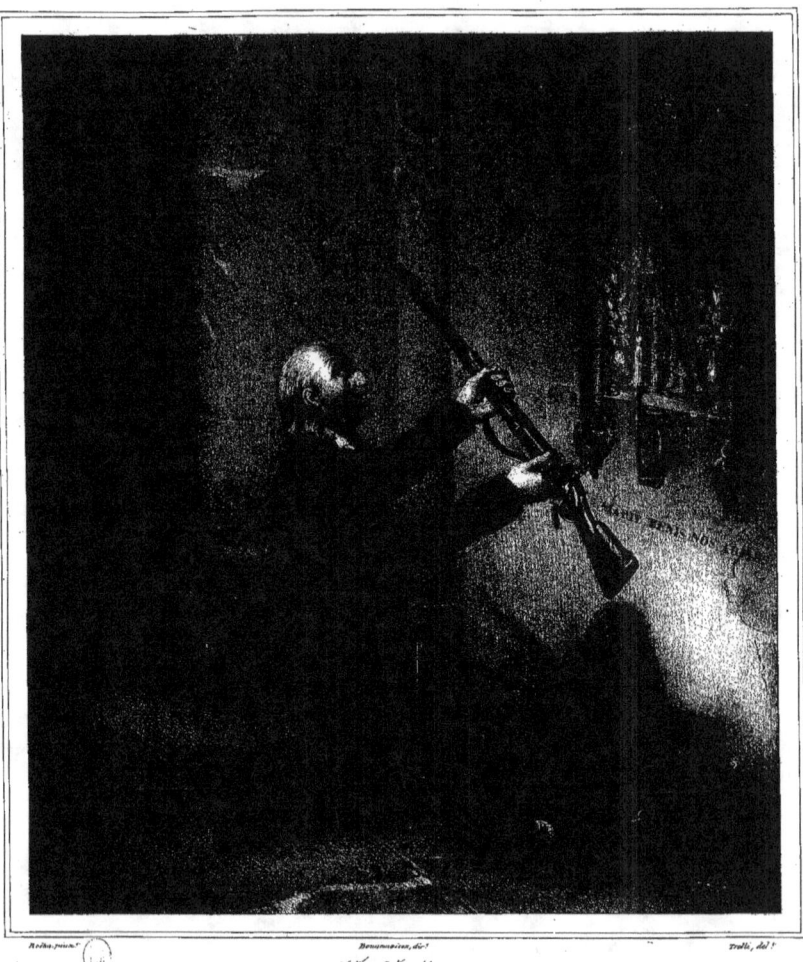

Un Vendéen.

LE SOLDAT VENDÉEN,

PAR M. A. ROEHN.

Tandis que des factions sanguinaires donnoient à la France l'horrible spectacle de leurs excès, tandis que nos villes en deuil, comprimées par la terreur, pleuroient l'absence ou la mort de leurs plus généreux citoyens, les guerriers de Fleurus et de Jemmapes, les braves enfants des rives de la Loire conservoient à la nation son antique réputation de bravoure et de fidélité. Sous des enseignes différentes, soldats de la patrie et de la royauté, ils marchoient au triomphe ou au martyre, et recueilloient également des palmes immortelles.

Bocages de la Vendée, vous redirez long-temps les noms des de Lescure, des de Bonchamp, des Charette, des La Roche-Jacquelin! Ces illustres défenseurs de la foi et de la monarchie malheureuse ont acheté de leur sang leurs titres de gloire!

Un soldat inconnu, un de ces hommes étrangers à la corruption des cités, a entendu la voix de ses nobles compatriotes. Abandonnant la charrue, il est accouru se ranger sous la bannière de la croix; mais avant d'aller mourir pour le culte de ses pères et pour la cause des neveux d'Henri IV, il se prosterne dans l'humble temple où de pieuses mains viennent en secret entourer de leurs offrandes l'image sacrée de la Vierge. Aux pieds de la madone vénérée on a gravé cette simple inscription:

MARIE, BÉNIS NOS ARMES!
TU AS FAIT TRIOMPHER NOTRE ROI ET NOTRE SAINTE RELIGION!

Le soldat villageois la relit, la répète; il invoque avec ferveur la mère du Christ: ses prières pures s'élèvent vers le ciel.

Nous avons voulu décrire le tableau de M. Roehn. La lithographie de M. Trolly,

---

(1) Tableau peint sur toile; hauteur 1 pied 2 pouces, largeur 1 pied. Salon de 1824.

LE SOLDAT VENDÉEN.

jeune dessinateur dont les premiers ouvrages sont déja remarquables par leur exécution, suppléera à ce que notre description a d'imparfait. Nous ajouterons seulement que cette production de M. Roehn est d'une touche aimable et d'une couleur argentine; la composition aussi simple en elle-même que le sujet sembloit l'exiger n'en présente pas moins un intérêt réel.

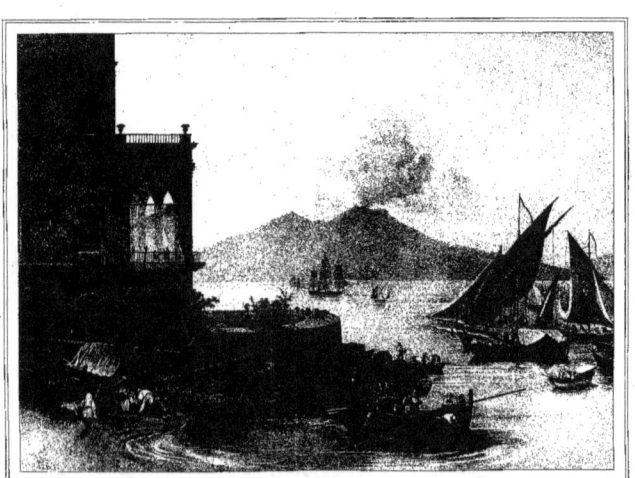

Vue de Naples, prise du Quai St Lucie.

VUE DE NAPLES,

PRISE DU QUAI SAINTE-LUCIE[1],

PAR M. LE COMTE TURPIN DE CRISSÉ.

« Un paysage sans soleil est un végétal sans fleurs, a dit Bernardin de Saint-Pierre.
« Comme aucun pinceau ne peut peindre l'astre du jour dans tout son éclat, il faut
« le voiler par quelque objet, ou choisir les heures où sa lumière est moins brillante...
« Celles du soir me semblent plus intéressantes que celles du matin, parceque le
« ciel étant alors plus vaporeux, la lumière y produit de plus beaux effets. Elles plai-
« sent aussi davantage à notre imagination, parcequ'elles nous annoncent le repos
« de la nuit, tandis que celles du matin commencent les travaux du jour... »

Sans prétendre être d'une autre opinion que l'élégant auteur des Harmonies de la nature, et en admirant avec lui les sublimes compositions de Claude le Lorrain, qui a choisi de préférence la lumière du soleil couchant pour éclairer ses paysages, il nous sera permis de dire que si la splendeur, les tons riches et vigoureux, qui accompagnent les heures du soir; si les ombres prolongées qu'elles produisent, le coloris safrané qu'elles répandent sur les objets, ne se retrouvent point aux heures du matin, celles-ci cependant nous semblent n'être pas moins favorables aux grands effets, à l'harmonie d'un tableau. Quelle suavité dans une belle matinée d'été ! quel charme indéfinissable s'étend dans tout l'atmosphère! quelle pureté, quelle fraîcheur dans tous les tons! Que ce mélange d'azur et d'argent, que ces teintes légèrement dorées dont le ciel est peint, que ces nuages diaphanes qui nagent dans l'espace, présentent un ensemble enchanteur sous le pinceau de l'homme qu'inspirent les merveilles de la nature et son imagination poétique et riante!

C'est ce beau spectacle de la nature à son réveil que nous offre le tableau de

---

(1) Tableau peint sur toile; hauteur 2 pieds 1 pouce, largeur 3 pieds.

VUE DE NAPLES.

M. le comte Turpin de Crissé. Le soleil, se levant derrière le Vésuve, lance des flots de lumière sur le golfe de Naples. Au milieu des vapeurs, qu'il n'a point encore dissipées, apparoissent les barques des pêcheurs et les vaisseaux sortant du port. Sur la gauche, un petit casin dont l'architecture n'a rien de remarquable, pas plus que cette partie de la ville, se détache en vigueur sur un fond lumineux.

Un ciel élevé, des teintes étagées et fugitives, une couleur transparente, tout annonce un horizon immense, tout peint l'heureux calme d'une délicieuse matinée. A la vue de ce cadre charmant, où l'on circule avec tant de facilité, où tout est si pur, d'une netteté si éclatante, il semble que l'on respire plus librement. Je ne sais quoi de doux et de tranquille est répandu dans toutes les parties de cet ouvrage, où la poésie et la vigueur de la couleur s'allient à la finesse et à la grace de la touche.

M. le comte Turpin de Crissé a parcouru la Suisse et l'Italie pour y étudier les pompeux et les sauvages aspects de la nature. Il est resté long-temps dans cette dernière contrée: Naples fut son séjour de prédilection. Le costume, les mœurs, les traits de la physionomie de la population, sont devenus l'objet de ses méditations; ils ont occupé son esprit observateur, comme ses places, ses quais, ses édifices, ses belles campagnes, ont occupé ses pinceaux. Il a rapporté de riches matériaux de ses voyages; et ceux de ses ouvrages où l'on retrouve des sites de la Suisse et de l'Italie présentent ce caractère de vérité que n'ont point ceux que l'on fait loin de la nature, et de pratique seulement. *Le Chasseur de l'Apennin*, des *Vues de Pompeï*, et du *Golfe de Naples*, et d'autres productions encore, d'une aussi belle ordonnance que d'une exécution précieuse et facile, placent M. le comte Turpin de Crissé parmi les meilleurs paysagistes de notre âge.

(1) Le premier de ces ouvrages (exposé au Salon de 1822) fait partie du Musée royal du Luxembourg.

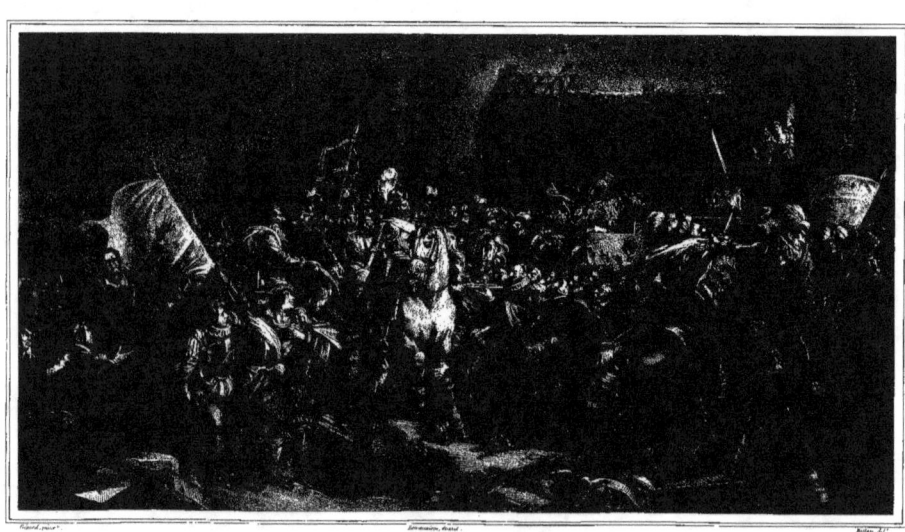

Entrée d'Henri Quatre dans Paris

L'ENTRÉE D'HENRI IV A PARIS[1],

PAR M. LE BARON GÉRARD[2].

« La réduction de Paris arriva le 22e de mars[3]. Le parlement, le prevôt des mar-
« chands, et les échevins, ayant disposé cette grande ville, y reçurent le roi, malgré
« les vains efforts de quelque reste de la faction des Seize.....
 « Ce fut presque un miracle comment, y étant quatre ou cinq mille Espagnols de
« garnison dans Paris, et dix ou douze mille factieux qui tous haïssoient cruellement
« le roi, il put néanmoins s'en rendre le maître sans coup férir et sans répandre le sang,
« sinon de cinq ou six mutins qui sortirent dans les rues pour crier *aux armes!* Ses
« troupes s'étant saisi, par intelligence, des portes, remparts, et places publiques, il
« entra triomphant dans la ville par la Porte-Neuve, par où Henri III s'étoit malheu-
« reusement enfui six ans auparavant, et alla droit à Notre-Dame entendre la messe,
« et faire chanter le *Te Deum;* puis de là il revint au Louvre, où il trouva ses officiers
« et son dîner prêt comme s'il y eût toujours demeuré[4]. »

L'après-dîner, au moment où la garnison espagnole sortit de la ville avec une tren-
taine de ligueurs qui aimèrent mieux suivre des étrangers que d'obéir à leur prince
naturel, le roi les vit défiler d'une fenêtre au-dessus de la porte Saint-Denis, et de là,
rendant le salut à leurs chefs avec une grande courtoisie, il leur dit ces paroles : *Re-
commandez-moi bien à votre maître: allez-vous-en, à la bonne heure; mais n'y revenez
plus.*

« Dès le midi du même jour, ajoute l'historien que nous avons déjà cité[5], que *notre*

---

(1) Tableau peint sur toile; hauteur 1 pied 4 pouces, largeur 4 pieds 6 lignes.
(2) Membre de l'Institut, premier peintre du Roi.
(3) En 1594.
(4) *Hist. du roi Henri-le-Grand.* HARDOUIN DE PÉRÉFIXE.
(5) Péréfixe, précepteur de Louis XIV, devint, d'évêque de Rhodez, archevêque de Paris. Il dédia son *Histoire d'Henri-le-
Grand* au cardinal Mazarin.

L'ENTRÉE D'HENRI IV A PARIS.

« Henri fut reçu à Paris, la ville fut entièrement paisible; les bourgeois se familiari-
« sèrent dans un moment avec les soldats; les artisans travaillèrent dans leurs bou-
« tiques; en un mot, le calme fut si profond que rien ne l'interrompit, que le carillon
« des cloches, les feux de joie, et les danses, qui se firent par toutes les rues jusqu'à
« minuit. »

C'est dans ce récit simple et vrai que M. Gérard a puisé les nobles inspirations qui, sous ses pinceaux, ont enfanté l'un des plus capitaux et des plus magnifiques ouvrages de l'école moderne. Qui n'a vu, qui n'a admiré *l'Entrée d'Henri IV à Paris?* L'auguste décision qui a accordé à cette production d'un artiste vivant les honneurs qui ne sont réservés ordinairement qu'à celles des peintres morts[1] n'a point trouvé de contradicteurs: les applaudissements du public ont confirmé cette fois les suffrages de la cour; et cette page sublime a été accueillie avec l'enthousiasme flatteur et général que quelques années auparavant fit naître la *Bataille d'Austerlitz*.

Plein du sujet national qu'il avoit à traiter, M. Gérard s'est montré dans cette composition à-la-fois peintre habile et bon citoyen. Il n'est qu'un François, qu'un sujet ami de ses princes qui ait pu donner à ces guerriers, à ces magistrats, à ces femmes, à ces jeunes gens empressés autour de leur Roi, cette expression vraie et profonde des sentiments d'orgueil, de respect, d'amour et de joie dont leurs cœurs sont émus, dont leur ame est transportée à la vue de leur libérateur!

Là, le prevôt des marchands, les échevins offrent humblement les clefs de la ville au vainqueur tutélaire; ici, un père, un vieux guerrier vient lui présenter ses nobles fils; ailleurs, une mère agenouillée montre à ses enfants le sauveur du royaume; plus loin, les édifices sont encombrés par les flots d'une immense population avide de voir, de contempler le monarque que le ciel rend à ses vœux. Parmi tant de fidèles citoyens, un obstiné ligueur, ne pouvant soutenir le spectacle si doux pour un autre que lui, du triomphe du souverain et de la joie d'un grand peuple, s'enfuit à pas précipités. Au milieu de cette foule enivrée, Henri, le front calme et serein, le souris sur les lèvres, semble déjà promettre à la France ces jours de gloire et de bonheur qui ont illustré son règne trop court! Tout révèle en lui un descendant du saint roi, un digne fils de saint Louis!

> Il entre au nom du Dieu qui fait régner les rois.
> Les ligueurs éperdus, et mettant bas les armes,
> Sont aux pieds de BOURBON, les baignent de leurs larmes;

[1] L'exposition perpétuelle au Musée royal.

L'ENTRÉE D'HENRI IV A PARIS.

<blockquote>
Les prêtres sont muets; les Seize épouvantés
En vain cherchent pour fuir des autres écartés.
Tout le peuple changé dans ce jour salutaire
Reconnoît son vrai roi, son vainqueur, et son père [1].
</blockquote>

Ces vers du poëte sont écrits tout entiers dans l'ouvrage du peintre : nous n'en détaillerons point les beautés. D'autres voix que la nôtre les ont justement proclamées ; et quand nous répéterions que, dans cette riche composition, la pureté du dessin s'allie à l'harmonie de la couleur, que le pittoresque et la diversité des groupes concourent à l'unité, à la grandeur de l'ensemble, que la beauté des formes le dispute à l'heureux choix des têtes, à la vérité des expressions, nous ne ferions qu'indiquer d'une manière imparfaite les brillantes qualités de ce précieux tableau. Les figures principales en sont devenues classiques : il étoit impossible d'offrir aux élèves des modèles à-la-fois plus intéressants et plus beaux.

Il semble que dans l'esquisse, que possède S. A. R. MADAME, de *l'Entrée d'Henri IV à Paris*, le coloris ait plus de fermeté, plus de vigueur encore que dans le grand tableau, et la scène n'y est ni moins vaste ni moins bien entendue dans ses plans, malgré les limites étroites du cadre.

L'auteur de *Bélisaire*, de *Psyché*, de *Corine*, et de tant et de si magnifiques portraits [2], s'est montré digne du rang qu'il occupe dans l'école françoise, digne du titre que lui a conféré le monarque, dans la noble composition qui fait le sujet de cette notice. Elle est comme le gage assuré du nouveau chef-d'œuvre qui doit éclore incessamment des pinceaux de M. Gérard [3]. Nous y retrouverons encore un BOURBON, un roi au milieu des guerriers, du peuple, et des grands, saluant de leurs acclamations l'aurore de son règne, et nous redirons avec le pontife sacré, à la vue de cet imposant spectacle, de ce roi-chevalier :

<blockquote>
Il semble qu'un esprit de grace et d'harmonie
Aux cœurs de tes sujets ait soufflé ton génie!
Que du royal martyr le vœu soit accompli!
Et que chaque François, comme une sainte offrande,
   Devant tes pas répande
   L'espérance et l'oubli [4]!
</blockquote>

(1) VOLTAIRE. *La Henriade*, chant X.
(2) On en publie un recueil gravé sous la direction de M. Gérard.
(3) Le Sacre de S. M. Charles X.
(4) LA MARTINE. *Chant du sacre*.

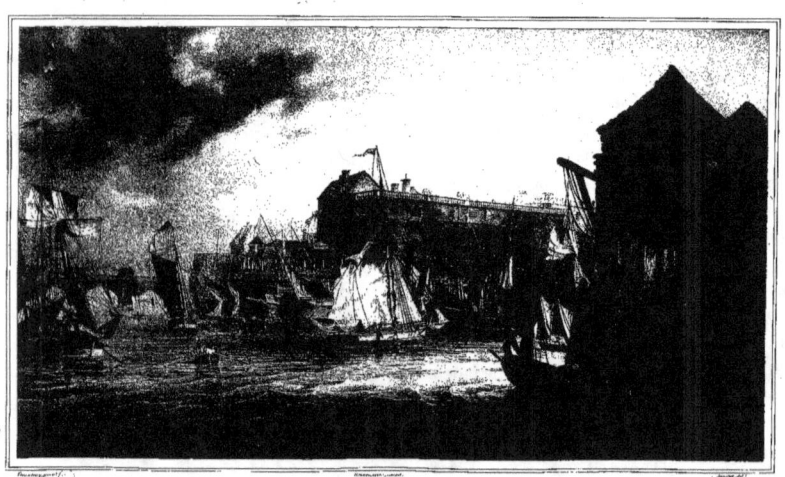

Vue de la Tamise.

VUE DE LA TAMISE,

PAR M. LOUIS GARNERAY[2].

Ce tableau a marqué les débuts de son auteur. On y trouva de la couleur, une heureuse variété de tons, des eaux transparentes, un ciel léger et vaporeux : c'en fut assez pour que le nom de M. Garneray prît rang parmi ceux des peintres de marines dont le jeune talent donnoit de flatteuses espérances à notre école. Cet ouvrage préluda ainsi aux succès mérités que lui ont valu depuis des productions d'un ordre supérieur. Cette vue de la Tamise, sans doute plutôt faite de mémoire que d'après nature, est tirée d'un porte-feuille où de nombreuses esquisses ont fixé les souvenirs de M. Garneray, prisonnier des Anglois; il trompa les chagrins et les cruelles privations d'une insupportable captivité par l'étude de l'art auquel il doit aujourd'hui ses plus douces jouissances.

Le peintre nous transporte, dans ce tableau, sur l'un des quais les plus commerçants de Londres. Il nous fait assister, avec une nombreuse population, à l'une de ces fêtes nautiques dont les Anglois sont avides, et qui doivent souvent leur origine à l'évènement le plus ordinaire.

Quel que soit au reste le sujet de ce tableau, il est juste de dire qu'il est bien dans son ensemble et d'une agréable exécution[3].

(1) Tableau peint sur toile; hauteur 1 pied 2 pouces, largeur 2 pieds. Salon de 1820.
(2) Lithographié par Jacollet.
(3) Cette vue a été reproduite par le burin dans un ouvrage très recherché par les amateurs de la belle gravure et par les artistes, et publié à Londres sous le titre des *Rives de la Tamise*.

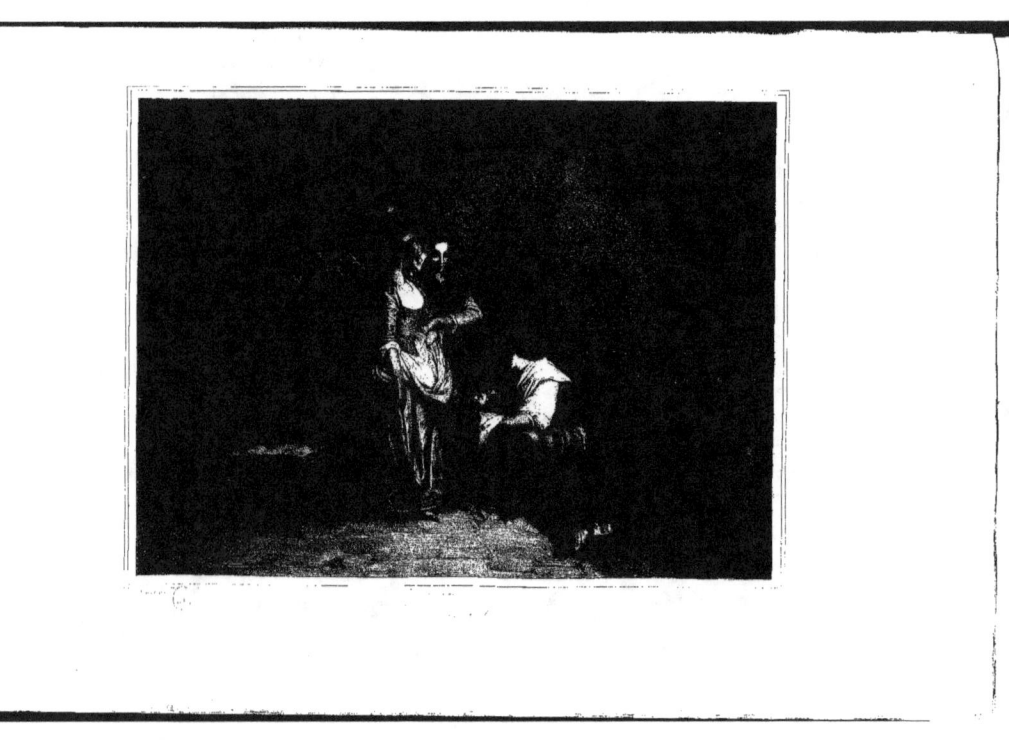

LA JEUNE MÈRE[1],

PAR M. MALLET.

Naturel dans la pose des figures, expression tendre et naïve, suavité de couleur, finesse de touche, ensemble charmant dans la disposition du groupe: voilà ce que l'on distingue dans ce petit tableau qui, sous tous les rapports, justifie la réputation que son auteur s'est acquise d'être peut-être le plus gracieux de nos peintres modernes, et celui dont l'exécution se rapproche le plus de la manière des maîtres flamands. Il traite avec un soin égal, avec une égale perfection, les étoffes et les accessoires dont il enrichit ses compositions. Heureux dans le choix de ses têtes, habile dans l'art de distribuer la lumière, il n'a que des pensées aimables qu'il exprime toujours avec bonheur. Rien de négligé n'échappe au pinceau de M. Mallet. Aussi ses productions justement recherchées se placent-elles au rang le plus élevé parmi celles qui sortent des ateliers des peintres de genre.

(1) Tableau peint sur bois; hauteur 9 pouces, largeur 1 pied.

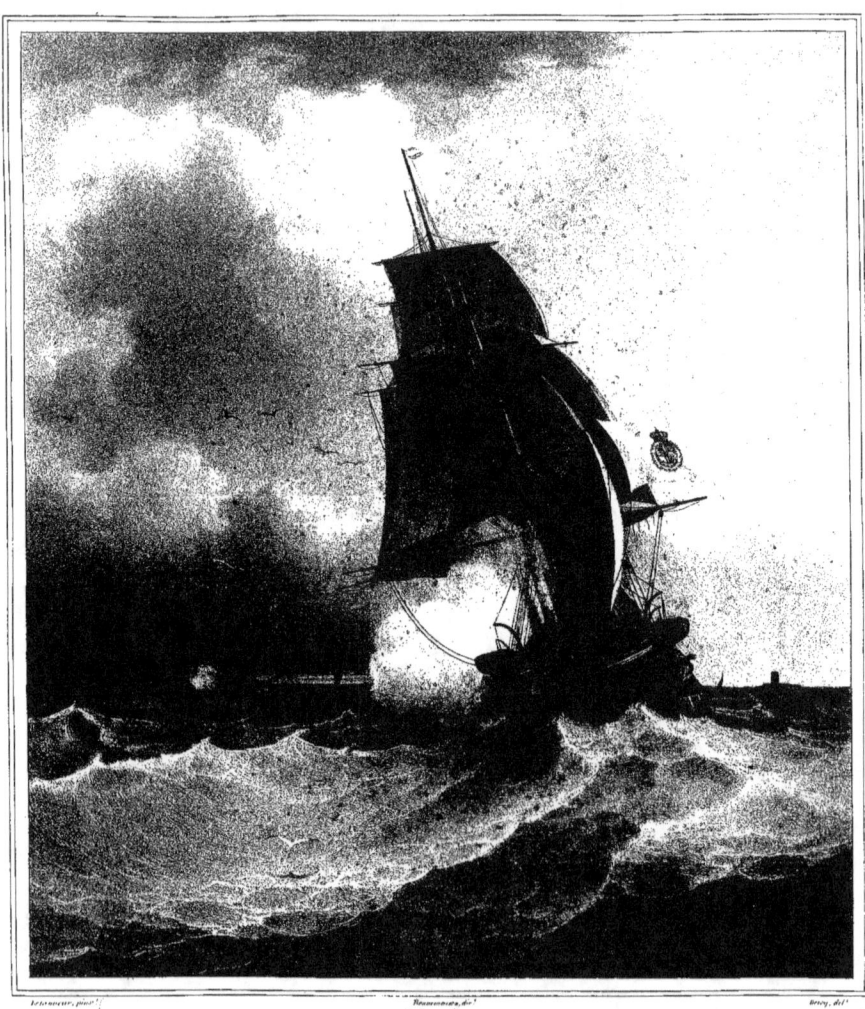

La Sirène
Frégate de S.A.R. Madame Duchesse de Berry.

LA SIRÈNE[1],

FRÉGATE DE S. A. R. MADAME,

DUCHESSE DE BERRY,

PAR M. LETANNEUR.

Que de souvenirs précieux et touchants s'éveillent à la vue de ce petit tableau ! quel temps de bonheur ne rappelle-t-il pas à la mémoire ! Mais, dégagé du prestige qui l'environne, il offre, sous le rapport de l'art, des qualités estimables, qui donnent du talent de l'artiste, dont nous ne connoissons point les autres ouvrages, une idée très avantageuse : sa couleur est suave et transparente ; sa touche est fine et légère ; sa manière est simple et vraie.

Mais arrêtons-nous à cet épisode d'une des plus heureuses époques de l'histoire de notre pays.

L'orage a cessé, les nuages se dissipent, l'azur des cieux brille d'un éclat nouveau ; une tempête furieuse n'agite plus les flots tumultueux[2], le calme renaît dans les airs aussi bien que sur les ondes, un vent frais et propice enfle la voile, et, mollement balancé par la vague bleuâtre, le vaisseau approche du rivage où il doit être salué par mille cris d'amour et de joie !

Les destinées de la France vont s'accomplir ! une fille du sang des Bourbons[3] vient s'unir au sang des Bourbons ! L'héritier du mâle courage, de la franchise d'HENRI-LE-GRAND est promis à MARIE-CAROLINE-FERDINANDE-LOUISE. Que de traits de ressemblance entre le monarque adoré et le prince généreux et brave qui devoit périr

---

(1) Tableau peint sur bois en 1816 ; hauteur 1 pied 9 pouces, largeur 1 pied 5 pouces.

(2) On raconte que, dans la nuit qui précéda l'arrivée de l'auguste voyageuse à Marseille, un orage épouvantable mit en péril la frégate qu'elle montoit. La princesse fit alors un vœu qu'elle s'empressa d'accomplir : dès qu'elle eut touché le sol de la France, elle se rendit à *Notre-Dame-de-la-Garde*, où elle déposa le tribut de sa piété.

(3) Le mariage du duc de Berry avec la fille aînée du prince royal des Deux-Siciles fut célébré le 14 avril 1816.

LA SIRÈNE.

comme lui!...... Mais éloignons cette pensée; ne songeons qu'à ces jours de fête qui signalèrent l'arrivée parmi nous de la princesse des Deux-Siciles; ne songeons qu'aux flatteuses espérances qui plus tard entourèrent sa couche royale! Divinité bienfaisante, elle nous a donné tout ce que nos vœux, tout ce que la gloire et le bonheur du trône attendoient d'elle : la France lui doit le noble gage de ses prospérités futures, l'enfant royal sur qui repose tout notre avenir!

> Il saura qu'aux jours où nous sommes,
> Pour vieillir au trône des rois,
> Il faut montrer aux yeux des hommes
> Ses vertus auprès de ses droits;
> Qu'assis à ce degré suprême
> Il faut s'y défendre soi-même,
> Comme les dieux sur leurs autels;
> Rappeler en tout leur image,
> Et faire adorer le nuage
> Qui les sépare des mortels.
>
> Au pied du trône séculaire
> Où s'assied un autre Nestor,
> De la tempête populaire
> Le flot calmé murmure encor!
> Ce juste, que le ciel contemple,
> Lui montrera par son exemple
> Comment, sur les écueils jeté,
> On élève sur le rivage,
> Avec les débris du naufrage,
> Un temple à l'immortalité!¹

(1) LA MARTINE, *Méditations poétiques*.

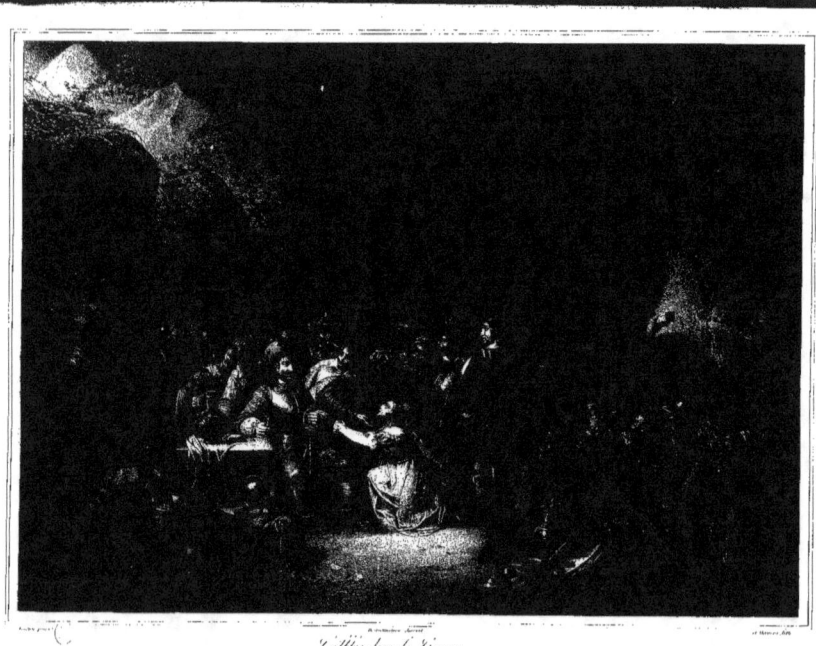

Gil Blas dans la Caverne.

LA CAVERNE[1],

PAR M. ADOLPHE ROEHN[2].

Dona Mencia de Mosquera, sortie du long évanouissement où elle étoit tombée à la vue des satellites du terrible Rollando, attaquant et frappant de mille coups mortels son époux, son cher Alvar, vient d'être amenée dans le repaire où ces lâches assassins ont fixé leur demeure. Tremblante, éperdue, elle est en présence du chef des brigands; elle le supplie de lui ôter la vie plutôt que d'attenter à sa pudeur; mais le farouche meurtrier rit de ses terreurs et de ses plaintes; et ses impudiques regards, comme ceux des camarades qui forment sa cour, disent assez quels dangers menacent l'honneur de cette infortunée. Le seul Gil Blas, les yeux attachés sur elle, semble compatir à son malheur, et s'occuper déja des moyens de l'arracher aux impurs desirs des voleurs.

Ce groupe est pittoresquement disposé. Assis parmi ceux dont il est le capitaine, Rollando a bien cet insolent dédain, cette triviale supériorité qui convient à son rang et à son état. Embellie par sa douleur même, Dona Mencia est noble et touchante dans sa pose et dans l'expression de ses traits. On reconnoît dans ce jeune homme, debout sur le premier plan, l'allure embarrassée de l'écolier d'Oviedo, du neveu du chanoine Gil Perez, qui *ferma les yeux et détourna la tête en déchargeant sa carabine* sur les gens de la dame espagnole.

Les costumes et les mœurs sont rendus dans ce morceau avec autant d'esprit que de fidélité, et le peintre a eu l'art d'animer sa toile des couleurs vives, piquantes et variées, dont le romancier a lui-même embelli son tableau. Tous les héros de cette scène se présentent au spectateur avec les traits, les manières, je dirois presque le langage, que leur a donnés Lesage dans son ouvrage immortel.

Cette production, qui joint au mérite de la pensée celui d'une belle exécution, est

[1] Tableau peint sur toile; hauteur 2 pieds, largeur 2 pieds 6 pouces. Salon de 1817.
[2] Membre de l'Académie de Genève, peintre de MONSIEUR.

LA CAVERNE.

riche de détails, de coloris et d'effet. On y retrouve les tons chauds et brillants de Teniers, et la manière de Miéris; et quand le temps aura peint ce cadre, il pourra être confondu parmi les plus estimés de l'école flamande, sans qu'on puisse le distinguer autrement que par son mérite particulier.

Depuis l'époque où ce tableau fut accueilli si favorablement, d'autres ouvrages où règne le sentiment d'une douce joie ou d'une douleur profonde sont venus ajouter à la réputation de M. Roehn : nous citerons, entre autres, *l'Enfant prodigue*, *Philippe Wouwermans à ses derniers moments*, aussi remarquables par l'ordonannce de la composition que par la poésie de la couleur et la facilité de l'exécution. Un petit cadre représentant *une Femme qui a perdu à la loterie*, par la vérité de l'expression et la liberté de la touche a réuni tous les suffrages au Salon de 1822. Ceux qui apprécient le plus les aimables productions de M. Roehn n'ont pas oublié qu'en d'autres temps il a peint de grandes batailles où il a déployé les ressources d'une imagination brillante et d'un pinceau vigoureux.

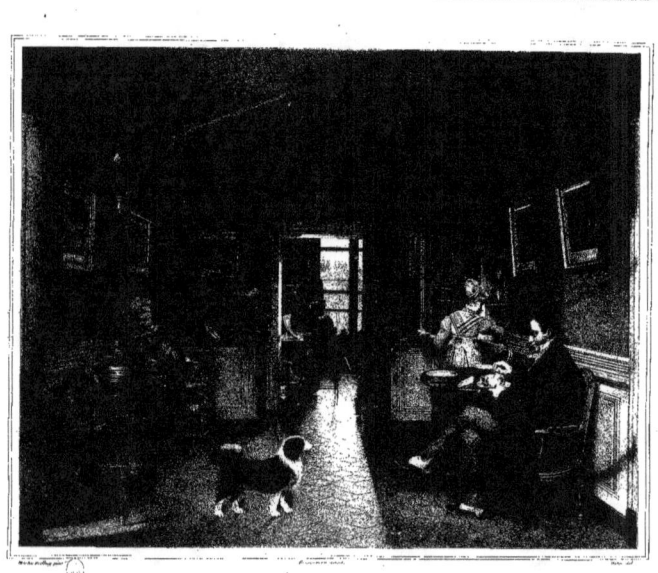

INTÉRIEUR D'UNE SALLE A MANGER[1],

PAR M. MARTIN DROLLING.

Un peintre de genre fort habile m'ayant, ces jours derniers, invité à l'aller voir, je me rendis chez lui le matin d'assez bonne heure. Vêtu d'une redingote brune, d'un drap un peu râpé, ayant à ses pieds des pantoufles usées, dont le maroquin, jadis vert, avoit perdu sa couleur primitive, il étoit assis près d'une table, et prenoit son café; un chien, courtisan docile, mais fidèle ami, attendoit sa part du déjeuner de son maître.

Le mobilier de l'artiste me parut peu somptueux : c'étoit une table en noyer, des chaises de mérisier dont la paille sembloit attendre une réparation prochaine, des fauteuils en velours d'Utrecht rouge, dont la forme peu moderne portoit avec elle son acte de naissance, un poêle à longs tuyaux de cuivre, quelques fleurs printanières dans une carafe de verre, des cadres renfermant des gravures estimées, d'après les maîtres de l'ancienne école; tout cela étoit brillant de propreté. La boiserie, anciennement peinte en gris, le carreau, mis en couleur à la même époque, nettoyés, frottés avec soin, ont conservé un certain lustre; en un mot la décoration de la *Salle à manger* du peintre annonce plus d'économie et d'arrangement que de luxe. Une petite servante dévouée à son maître, et qui, dans le moment où j'arrivai chez celui-ci, cherchoit je ne sais quoi dans une armoire entr'ouverte, est chargée de soigner ce modeste appartement.

Près de la salle à manger, j'aperçus, dans une petite pièce meublée avec une extrême simplicité, et seulement éclairée par une croisée qui s'ouvre sur le jardin, une jeune personne (c'est la fille du peintre sans doute); elle déchiffroit une sonate; un portefeuille de dessin, placé à côté de son piano, me fit supposer qu'elle étudioit à-la-fois et la peinture et la musique.

Mais en rendant compte de ma visite et de ce que j'ai vu dans cette maison, je vous

(1) Tableau peint sur toile; hauteur 2 pieds, largeur 2 pieds 6 pouces. Salon de 1817.

INTÉRIEUR D'UNE SALLE A MANGER.

ai montré le tableau de Drolling, chef-d'œuvre de vérité où brillent ensemble le talent le plus accompli et la connoissance profonde de toutes les ressources de l'art. La lumière, par des jeux, par des reflets singuliers, donne à ce tableau l'aspect le plus piquant. Chaque objet mis à sa place est en harmonie avec celui dont il est rapproché; chaque chose a la couleur qu'elle tient de la nature et du temps. Jamais imitation plus vraie d'une scène familière, d'un intérieur bourgeois, n'est sortie des pinceaux d'aucun artiste; tout ce que l'étude du dessin, la science de l'optique, la magie du coloris, peuvent offrir aux regards surpris, se trouve réuni dans cet ouvrage, et produit une complète illusion. *La Salle à manger* est la perfection du genre. On pourra sans doute imiter Drolling, mais il est permis de douter qu'on puisse rien exécuter qui fasse oublier cette charmante production.

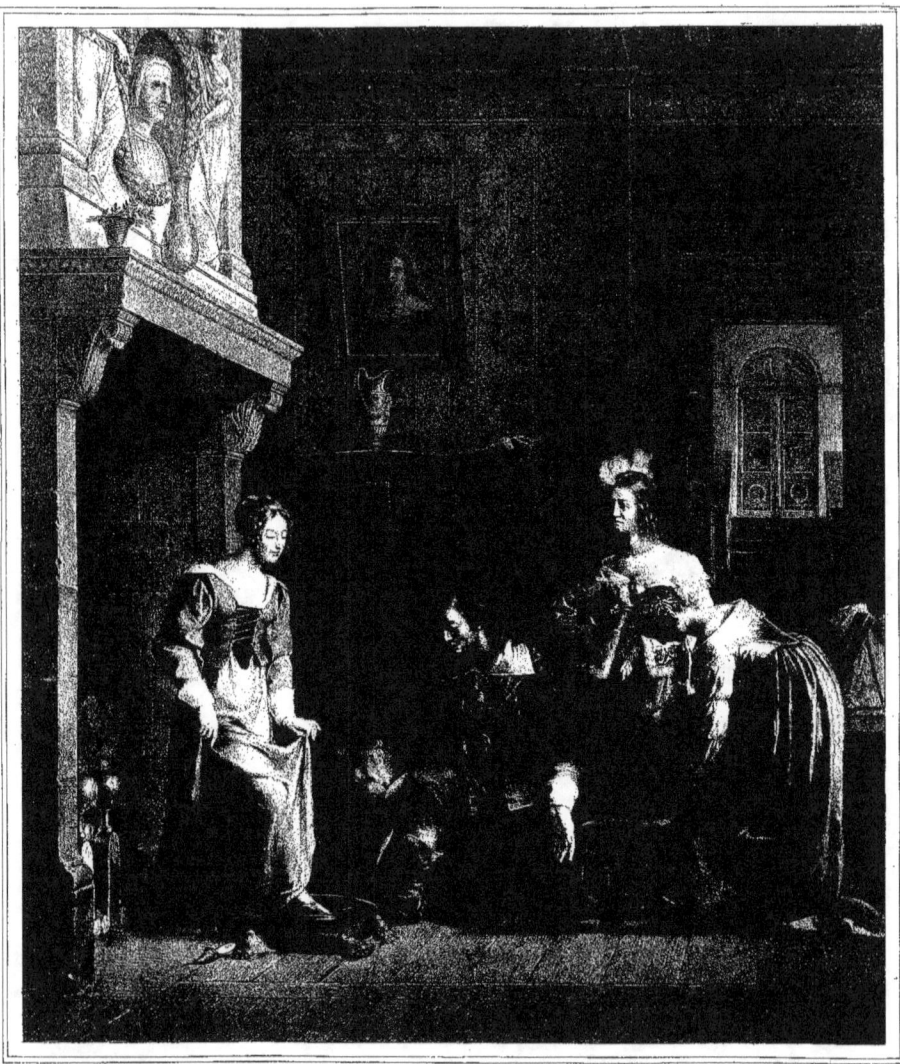

Cendrillon

CENDRILLON

ESSAYANT LA PANTOUFLE DE VERRE [1],

PAR M. LAURENT [2].

Perrault, contre qui Boileau, dans son humeur caustique, décoche si souvent les traits acérés de sa muse ; Perrault, qui oublioit les épigrammes du poëte satirique en écoutant les éloges du bon La Fontaine, qui répétoit sans cesse :

> Si Peau-d'Ane m'étoit conté
> J'y prendrois un plaisir extrême,

ne s'imaginoit guère qu'un jour les musiciens, les chorégraphes, les peintres prendroient dans ses contes les sujets de leurs ouvrages les plus vantés et les plus courus. Il étoit loin sans doute de prévoir la vogue de CENDRILLON. Il ne savoit pas que cette petite fille si dédaignée, si maltraitée par ses orgueilleuses sœurs, devoit être, soit sur la scène, soit dans les chants des Orphées d'un autre temps, soit sur la toile animée, l'objet d'une sorte de culte, dont la durée trouveroit l'inconstance de la mode inerte et sans pouvoir.

Voici comment il raconte l'essai de la fameuse pantoufle qui fait le sujet du tableau de M. Laurent : « On commença par l'essayer aux princesses, ensuite aux duchesses et « à toute la cour, mais inutilement. On la porta ensuite chez les deux sœurs, qui firent « tout leur possible pour faire entrer leur pied dans la pantoufle ; mais elles ne purent « en venir à bout. Cendrillon qui les regardoit, et qui reconnut la pantoufle, dit en « riant : Que je voie si elle ne me seroit pas bonne !... Ses sœurs se mirent à rire et à « se moquer d'elle. Le gentilhomme qui faisoit l'essai de la pantoufle ayant regardé

---

[1] Tableau peint sur toile; hauteur 1 pied 8 pouces, largeur 1 pied 5 pouces. Salon de 1819.
[2] Jean-Antoine, né en 1763, au château de Baccarat (Meurthe), élève de Durand de Nancy.

CENDRILLON ESSAYANT LA PANTOUFLE DE VERRE.

« attentivement Cendrillon, et la trouvant fort belle, dit que cela étoit très juste et
« qu'il avoit ordre de l'essayer à toutes les filles; et approchant la pantoufle du petit
« pied de Cendrillon, il vit qu'elle y entroit sans peine, et qu'elle y étoit juste comme
« de cire. » Ce récit naïf n'a rien perdu de sa grace ni de sa couleur dans la traduction
du peintre.

Dans un appartement dont l'architecture et les meubles sont d'un style tout-à-fait
gothique, Cendrillon, les yeux baissés, le front coloré du rouge de la pudeur, est
debout, près de la haute cheminée où sa place lui fut assignée depuis long-temps
par un ordre qu'elle n'osoit pas enfreindre. Vêtue d'une étoffe grossière et parée de
ses seuls attraits, elle livre avec timidité son joli pied au gentilhomme qui, un genou
en terre, lui présente sur un coussin de velours la pantoufle merveilleuse. Ses deux
sœurs ont déja fait des tentatives pour la chausser. L'une d'elles, placée sur le premier plan du tableau, remet son soulier avec honte et dépit; l'autre sourit avec dédain de la présomption de la petite Cendrillon.

Voilà l'ordonnance du cadre de M. Laurent; elle est simple, elle est naturelle; il
n'y manque rien; tout le sujet y est exprimé clairement et sans efforts. Les accessoires, les ajustements sont du meilleur goût et touchés avec autant d'adresse que de
soin. La pose des figure est gracieuse; elles se groupent bien entre elles, et le sentiment de chacune y est indiqué avec beaucoup d'esprit.

Heureux dans le choix de ses sujets, M. Laurent sait les traiter, sinon avec cette
vigueur de coloris, avec cette pureté de dessin dont ils seroient susceptibles, du
moins avec une délicatesse, une suavité, un accord qui impriment à ses productions
un charme tout particulier. L'examen de quelques autres ouvrages de cet artiste nous
mettra à même de rendre plus tard un nouvel hommage à l'élégance de son pinceau,
qui a quelquefois la fraîcheur et la finesse de celui de Gérard Dow.

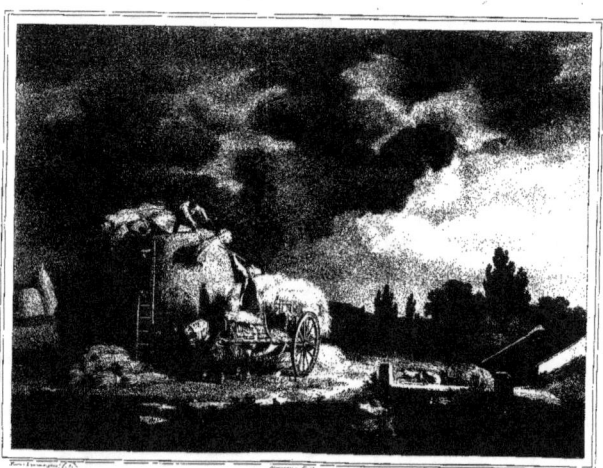

LA MOISSON,

PAR M. XAVIER LEPRINCE.

Il suffit d'arrêter ses regards sur la lithographie de M. Deroy, si pleine de charmes, si harmonieuse dans toutes ses parties, pour apprécier les qualités essentielles qu'offre le tableau de M. Leprince. Le crayon pur et suave du lithographe laisse deviner la finesse du pinceau, la couleur argentée du peintre. La lumière dans ce paysage, habilement distribuée, produit de pittoresques effets; les arbres, les eaux sont d'une touche moelleuse et étudiée tout à-la-fois, et les figures sont traitées avec cet esprit, cette facilité qui font le mérite particulier de tous les ouvrages de l'auteur de *la Moisson*.

Né à Paris dans l'été de 1799, c'est dans l'été de 1826 qu'Anne-Xavier Leprince a terminé une carrière qui s'ouvroit si belle et si glorieuse devant lui! Atteint depuis long-temps d'une affection pulmonique, il se livroit néanmoins avec une ardeur infatigable à l'étude de l'art enchanteur dans lequel déja il avoit acquis une incontestable supériorité. Le mal n'avoit pu refroidir sa jeune imagination. L'avenir lui promettoit de nouveaux succès; il attendoit de son travail une nouvelle gloire, de nouvelles jouissances; car le prix qu'il recueilloit de ses charmants ouvrages étoit destiné par lui à procurer à sa famille entière tout ce qui peut ajouter aux aisances de la vie; et quelle jouissance plus douce, plus enivrante pour un fils, que celle d'embellir l'existence d'un père tendrement aimé!

Chaque jour, et malgré la maladie dont lui seul ne soupçonnoit pas les progrès, mais dont ses amis pressentoient l'horrible terme, M. Leprince faisoit passer sur la toile ou sur la pierre lithographique les pensées originales de son esprit ingénieux[2].

---

[1] Tableau peint sur toile en 1822; hauteur 9 pouces, largeur 1 pied.
[2] Parmi les nombreux croquis échappés à son crayon ou à son pinceau, il faut citer les *Inconvéniens d'un voyage en diligence*, qui ont eu une vogue populaire.

LA MOISSON.

C'est dans ces travaux, où il échappoit en quelque sorte au mal qui le dévoroit, que la mort est venue le surprendre! On avoit conçu l'espoir que le beau ciel du midi de la France lui rendroit la santé; mais cet espoir a été trompé! Tous les secours de l'art, tous les soins paternels ont été inutiles! Loin de sa famille et du théâtre de ses succès, il a rendu le dernier soupir; heureux en ce moment funeste de rencontrer encore les regards d'un père qui cherchoient douloureusement les siens, de sentir sa main chérie presser la sienne pour la dernière fois!...

Anne-Xavier Leprince n'a pas seulement emporté dans la tombe les regrets de sa famille éplorée; ses amis, les artistes les plus distingués dans tous les genres, les hommes les plus recommandables de tous les rangs, ont partagé et partagent encore la douleur de ses parents. Il vit dans le souvenir de tous, moins peut-être par l'originalité de son talent que par les graces de son esprit et la constante douceur de son caractère!

Parmi les ouvrages que M. Leprince n'a pu terminer, il en est un que, grace aux secours d'une main amie qui a pris le soin de l'achever, nous avons pu voir dans les salles du Louvre[1]. C'est l'*Intérieur* de son atelier. Là il s'est peint lui-même entouré de ses élèves et de ses amis. Parmi ceux-ci on remarque un jeune peintre[2] dont le brillant talent donnoit de si belles espérances. Comme lui, la mort l'atteignit au début de sa course; comme lui maintenant il est l'objet de longs regrets!

Mais, en mourant, M. Leprince a laissé à ses frères un héritage qui ne périra point entre leurs mains. Déja Léopold[3], qui fut son élève et son émule, se place par le choix des sujets et l'exécution de ses ouvrages auprès des peintres de genre et de paysage les plus distingués de l'époque actuelle. Son jeune frère marche à grands pas sur ses traces; et leurs succès offriront bientôt à leur père les seules consolations qu'il étoit permis à son cœur d'espérer.

(1) En 1827. Des trente figures portraits que comporte la composition des scènes, dix-neuf sont du pinceau de Xavier Leprince; les autres sont de la main de M. Eugène Potdevin.
(2) Enfantin, mort à Naples le 11 octobre 1827.
(3) Il a exposé au salon de cette année plusieurs ouvrages remarquables.

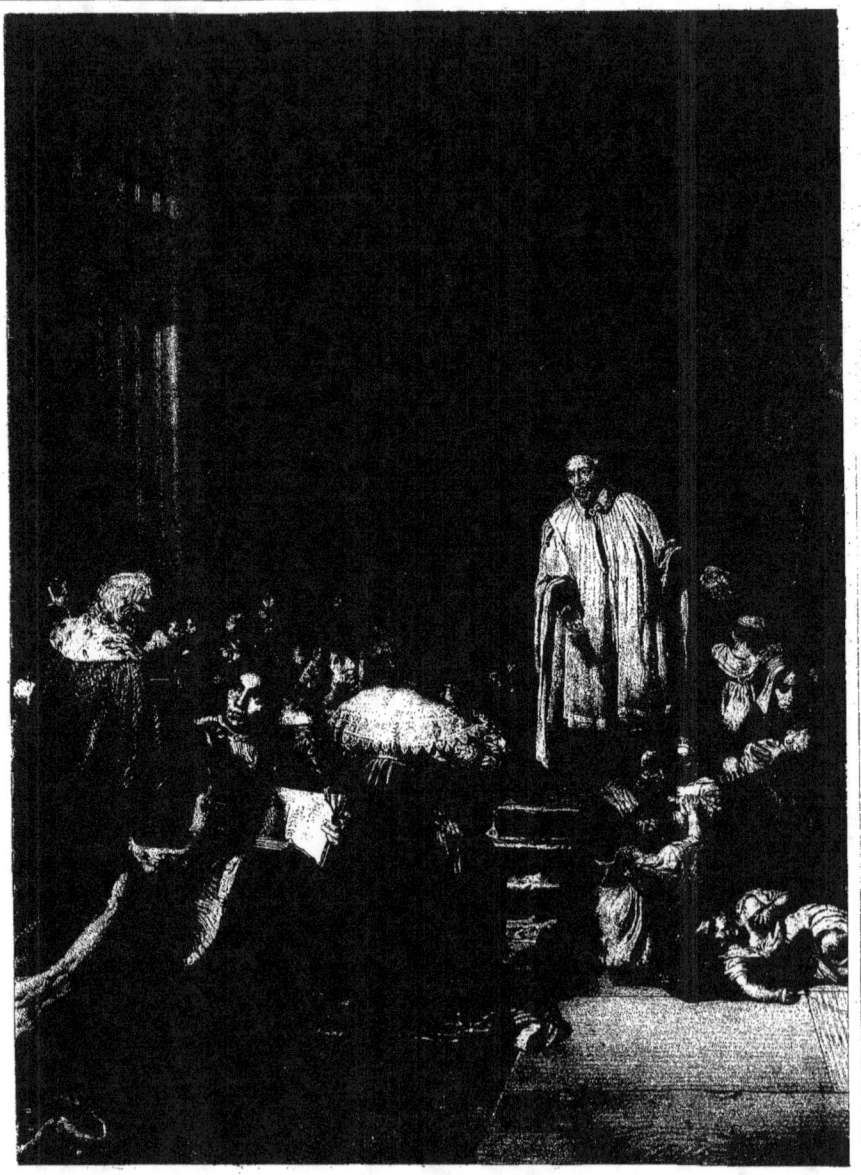

Saint Vincent de Paule

SAINT VINCENT DE PAULE[1],

PAR M. DE LA ROCHE.

Ange tutélaire des enfants abandonnés par des parents dénaturés, et plus souvent malheureux, Vincent de Paule, par sa sublime philanthropie, ne s'est pas seulement placé au rang des bienheureux que la piété révère, mais encore s'est élevé jusqu'où la Divinité permet à l'homme de s'élever. En effet, parmi les nobles amis de l'humanité, les vertus les plus douces, la constance la plus admirable, une charité sans bornes, voilà ce qui a valu à saint de Vincent de Paule l'auréole de la gloire qui environne sa mémoire vénérée. Si son éloquence persuasive trouva dans le siècle où il vécut des ames généreuses prêtes à s'ouvrir à ses touchantes exhortations, il est devenu de nos jours le patron d'associations respectables et nombreuses, dont les bienfaits consolident chaque jour davantage l'œuvre du pauvre pâtre de Proy. C'est dans le village de ce nom que Vincent de Paule vit le jour, en 1576. Il fut d'abord employé à la garde du petit troupeau de ses parents; mais, frappés de son intelligence peu commune, ils l'envoyèrent à Toulouse, où il étudia. Élevé au sarcerdoce en 1600, il fut appelé, à quelque temps de là, à recueillir un modique héritage à Marseille. Le bâtiment sur lequel il revenoit à Narbonne tomba entre les mains des Turcs. Le temps de son esclavage fut pour lui un apprentissage de vertus nouvelles. Toujours occupé de la gloire de l'église chrétienne, il eut le bonheur, par la puissance de ses pieux avis, de ramener au catholicisme un de ses maîtres, d'origine savoyarde et renégat[2]. Mais nous ne dirons point comment Vincent de Paule, rendu à sa patrie, s'associa à toutes les missions chargées d'aller porter la parole de Dieu où il étoit nécessaire qu'elle fût entendue; nous ne dirons point comment, remplaçant sur les galères un forçat inconsolable d'avoir laissé sa femme et ses enfants dans la plus extrême misère, il porta pendant le reste de sa vie les marques des chaînes dont il s'étoit généreusement chargé; mais nous

(1) Tableau peint sur toile; hauteur 5 pieds 2 pouces, largeur 3 pieds 5 pouces. Salon de 1824.
(2) Cette action a fourni à M. Gosse le sujet d'un tableau capital qui, au salon de 1824, a obtenu d'unanimes suffrages.

SAINT VINCENT DE PAULE.

nous arrêterons aux établissements qu'il forma pour secourir ses semblables, pour le bien et la gloire de l'église et de l'état.

Un discours de six lignes lui suffit pour procurer 40,000 livres de rente aux hospices des Enfants-Trouvés. Il fonde une congrégation de filles de charité pour le service des pauvres malades. Les hôpitaux de Bicêtre, de la Salpêtrière, de la Pitié, ceux de Marseille pour les forçats, du saint nom de Jésus pour les vieillards, doivent à ses bienfaits, à son zèle, la plus grande partie de ce qu'ils sont. Enfin la vie de saint Vincent de Paule n'est qu'un tissu de bonnes œuvres; et l'un des prélats les plus distingués de nos temps modernes[1] par sa chaleureuse éloquence a loué si dignement dans un panégyrique plein de feu ces éminentes qualités de l'apôtre de l'humanité, que Louis XVI, dont les nobles et douces vertus avoient tant de rapport avec celles du saint, ordonna, après avoir entendu ce beau discours, qu'une statue lui fût érigée. Avant l'établissement destiné aux enfants trouvés, on vendoit ces innocentes créatures vingt sous la pièce, ou on les donnoit aux femmes malades pour leur faire sucer un lait corrompu. Vincent de Paule fournit d'abord des fonds pour nourrir douze de ces enfants. Bientôt sa charité pourvut aux besoins de tous ceux qu'on trouvoit exposés aux portes des églises. Cependant les secours lui ayant manqué, il convoqua une assemblée extraordinaire de dames charitables. Il fit placer dans l'église un grand nombre de ces malheureux enfants, et ce spectacle, joint à une exhortation aussi courte que pathétique, arracha des larmes, et le même jour, dans la même église, au même instant, l'hôpital des Enfants-Trouvés fut fondé et doté[2].

C'est le souvenir de ce beau jour, c'est l'image de cette pieuse réunion qu'offre le tableau de M. de La Roche. Beautés de détails de tous genres, choix ravissant de têtes, élégance, vérité de costumes, groupes admirablement entendus : voilà ce qui se présente dans cette toile où la couleur, où la touche d'accord, où tout est animé, tout mis en action. Pour louer convenablement cet ouvrage, il faudroit s'attacher à chaque partie, et chacune en effet donneroit matière à l'éloge. Nous nous bornerons à dire que, sévère et plein de goût dans le choix des personnages qu'il a mis en scène, correct et pur dans son dessein, brillant dans son coloris, M. de La Roche s'est montré véritablement peintre dans cette page tout-à-fait traitée dans le style et la manière de Le Sueur. D'autres tableaux importants ou gracieux, tels que *Jeanne d'Arc en prison*, *une scène de la Saint-Barthélemi*, *Philipoppi*, *les Enfants surpris par l'orage*, attestent à-la-fois et de la fécondité de l'artiste, et de la vigueur et de la grace de son pinceau.

(1) L'abbé, depuis cardinal Maury.
(2) Nouveau Dictionnaire historique, par Chaudon et Delandine.

LISTE

DES

SOUSCRIPTEURS.

S. M. CHARLES X, ROI DE FRANCE.
LL. MM. LE ROI ET LA REINE DES DEUX-SICILES.
S. M. LE ROI DE PRUSSE.
S. M. L'IMPÉRATRICE-MÈRE DE RUSSIE.
S. A. R. MADAME LA DAUPHINE.
S. A. R. MADAME, DUCHESSE DE BERRY.
S. A. R. MONSEIGNEUR LE DUC DE BORDEAUX.
S. A. R. MADEMOISELLE.
S. A. R. MONSEIGNEUR LE DUC D'ORLÉANS.
S. A. R. MADAME LA DUCHESSE D'ORLÉANS.
S. A. R. MADEMOISELLE, DUCHESSE D'ORLÉANS.
S. A. R. MONSEIGNEUR LE DUC DE BOURBON.
S. A. R. L'ARCHIDUCHESSE CHRISTINE DE NAPLES.
S. A. R. LE GRAND-DUC DE TOSCANE.
S. A. R. LE PRINCE DE SAXE-COBOURG.

LE MINISTÈRE DE L'INTÉRIEUR.
LE MINISTÈRE DES AFFAIRES ÉTRANGÈRES.
LE MINISTÈRE DE LA MARINE.
L'INTENDANCE DE LA MAISON DU ROI.
LA GRANDE-CHANCELLERIE DE LA LÉGION-D'HONNEUR.

SOUSCRIPTEURS.

La Bibliothèque royale.
La Bibliothèque de la ville de Paris.

MM.
Aillaud, libraire.
Albe et de Berwic (le duc d').
Albin (le comte de Saint-).
Albin (de Saint-).
Amiel.
Apostool, pour le musée d'Amsterdam.
Arbon et Krap, libraires, à Rotterdam.
Arnold de Dresde.
Arnout, peintre.
Artaria et Fontaine, à Manheim.
Artaria et compagnie, libraires, à Vienne.
Aubry-Lecomte.
Aumont, marchand d'Estampes.

Balainvilliers (madame la baronne de).
Ballan, à Versailles.
Balloukey.
Baring, membre du parlement d'Angleterre.
Bath (Mme la marquise de), à Londres.
Beaumont-Luxembourg (madame la duchesse de).
Bedfort (le duc de), à Londres.
Belissen (marquis de).
Bellay, peintre.
Biron (le marquis de).
Blommaert (madame).
Boberensky (madame la comtesse de), à Moscow.

MM.
Bocquet (Ed.).
Bontoursin (le comte de), à Florence.
Boutard, ancien chef de division au ministère de la maison du Roi.
Bray (le comte de), ambassadeur du roi de Bavière.
Bresson.
Brissac (le comte de), chevalier d'honneur de S. A. R. Mgr le duc de Bordeaux.
Brosin (le général).
Brown (madame de).
Buffa et fils, à Amsterdam.
Buffa, frères, à Amsterdam.

Cabianchi-Govanni, adjudant de la chambre de S. A. R. le duc de Calabre, à Naples.
Cabre (le comte), ministre de France, à Cassel.
Cailleux (de), secrétaire-général des musées royaux.
Caramelli (J. et L.), à Utrecht.
Cartel, à Saint-Brieux.
Castelcicala (S. E. le prince de), ambassadeur de Naples.
Ciceri, artiste-peintre.
Chaillou-Potrelle.
Champeaux de Sancy.
Chrétien.

SOUSCRIPTEURS.

MM.

CLERMONT-TONNERRE (madame la duchesse de).
COLBERT (le général comte Alphonse de).
COLLOT, directeur de la Monnoie.
CONSTANT, imprimeur-lithographe.
COTTIN.
CRESPY-LEPRINCE.
CREVOT, libraire.
CRUSSOL (le duc de).
CUCHETET, commissaire-général de la maison de S. A. R. MADAME, duchesse de Berry.
CURATEAU de Courçon.
CURMER.

DANNENBERGER, à Berlin.
DAUTY, marchand d'Estampes.
DELAROCHE (Paul), peintre d'histoire.
DELAVAL, peintre d'histoire.
DELESSERT (Alexandre).
DEMADIÈRE-MERON, propriétaire, à Orléans.
DESGRANGES, fabricant de papiers.
DETCHEGOYEN, banquier.
DEVÈZE (Ch.), gentilhomme de la chambre du Roi.
DIDIER (madame la comtesse de SAINT-).
DIDOT (Jules), imprimeur du Roi.
DOUAY (de), à Stalzheim.
DOUBLAT, receveur-général du département des Vosges, à Épinal.
DUJON (le baron).

ELBOSC D'AUZOU (le chevalier d'), che-

MM.

valier de Saint-Louis et de la Légion-d'Honneur, capitaine à l'état-major de la place de Paris.
ESSEX (le comte d'), à Londres.

FALCONNET, à Naples.
FEUCHÈRE (Armand).
FEUILLET, fabricant de porcelaine.
FIETTA, frères, à Metz.
FLACHAT (madame de).
FLORENT (de SAINT-) et HAUER, libraires de la cour, et commissionnaires des bibliothèques impériales, à Saint-Pétersbourg.
FORBIN (le comte de), directeur-général des musées royaux.
FORESTIER.
FOUQUET.
FRITS DE POURTALÈS (le comte), à Neufchâtel en Suisse.

GALIGNANI, libraire.
GAUJAL (le baron de), premier président de la cour royale de Limoges.
GIDE, père.
GIDE (Étienne), fils.
GIGUND.
GIRALDON-BOVINET et compagnie, marchands d'estampes.
GLUCKSBERG, à Varsovie.
GOBERT, passementier du Roi.
GOHIN.
GONTARD, banquier.
GONTAUT (madame la duchesse de), gouvernante des enfants de France.

SOUSCRIPTEURS.

MM.

Grabouska (madame la comtesse).
Grapier, peintre-décorateur, à Berlin.
Gravenzeuts (madame la comtesse de).
Gudin (Théod.), peintre.
Guérin (Jean), peintre.

Hausen (d').
Hérard, banquier.
Hüllmandel.
Huard de Lamarre.
Hulin (madame).

Janet et Cotelle, libraires.
Jauge (Amédée), banquier.
Jousserant (le chevalier de).
Jugel (Charl.), de Francfort-sur-Mein.
Julian (Théophile).

Koreff.

Labatide (madame la baronne de).
Labouchère.
Lafarge.
Lamoignon (vicomte de), pair de France.
Langlois, capitaine-ingénieur des sapeurs-pompiers.
Leblanc.
Leblond.
Lecharlier, libraire, à Bruxelles.
Lecordier (le baron), maire du premier arrondissement.
Lefuel, libraire.
Lenoir (madame).
Léon (le prince de), colonel, gentilhomme d'honneur et aide-de-camp de

MM.

S. A. R. monseigneur le duc de Bordeaux.
Lévis (le duc), chevalier d'honneur de S. A. R. Madame, pair de France.
Listz.
Lorge (le duc de).
Lucas de Montigny, chef de bureau à la préfecture du département de la Seine.

Madrazzo (Joseph de), peintre du Roi, et directeur de l'académie de Saint-Ferdinand, à Madrid.
Malezieu (de).
Mandelot.
Martainville (le vicomte de).
Martineau.
Mesnards (le comte de), pair de France, maréchal-de-camp, aide-de-camp de S. A. R. monseigneur le duc de Bordeaux, et premier écuyer de S. A. R. Madame, duchesse de Berry.
Mercier, de Lyon.
Meser, de Dresde.
Millet.
Monville (H^{te} de).
Morel, secrétaire de la chambre de S. A. R. Madame, duchesse de Berry.

Neeff, directeur de l'école de dessin de Lausanne.
Noailles (madame la comtesse de), dame d'atour de S. A. R. Madame, duchesse de Berry.

SOUSCRIPTEURS.

MM.

OBERKAMPF.
ODIOT, orfèvre.
OOSTERZÉE (Van), de Rotterdam.
OTRANTE (le comte Ath. d').
OSMOND (madame la comtesse d').
OSTERWALD.

PERRIER (Casimir), membre de la Chambre des Députés.
PICHARD.
PHILIPS.
PONIATOWSKY (madame la princesse).
PORTAU.
POTTIER.
PRINCE (Xavier Le), peintre.
PRONTON.
PUGIN, à Londres.

QUENOT.

RADEPONT (marquis de), gentilhomme de la chambre du Roi, pair de France.
RECHBERG (Ch. comte de), chambellan du roi de Bavière.
REGGIO (madame la maréchale, duchesse de), dame d'honneur de S. A. R. MADAME, duchesse de Berry.
REY et GRAVIER, libraire.
RICHARD, de Lyon.
RICHARD, peintre de paysages.
RIDAN, libraire.
ROBERTSON (madame), à Paris.
RODET.
ROEHN, peintre.
ROEHN, banquier.

MM.

ROEHN, marchand de tableaux.
ROTHSCHILD (le baron Ch. de), à Naples.
ROTHSCHILD (le baron de).
ROULET DE MÉZERAC, à Neufchâtel, en Suisse.

SAMARIN (S. E^{ce} Mgr), à Saint-Pétersbourg.
SANLOT DE BAGUENAULT, banquier.
SASSENAY (marquis de), lieutenant-colonel, secrétaire des commandements de S. A. R. MADAME, duchesse de Berry.
SAZERAC (Louis-Hilaire).
SCHICKLER.
SCHMOLL.
SCHROECKER.
SCHOELCHER, fabricant de porcelaine du Roi.
SENÉ.
SENONNES (le vicomte de).
SUSSY (le baron de).

TALLEYRAND (le prince de).
TALMONT (madame la princesse de).
TESSARI et compagnie, marchands d'estampes de Paris et d'Augsbourg.
TESSIÈRES (le chevalier de), capitaine d'état-major de la 2e division de cavalerie de la garde royale.
TIOLIER, graveur-général des monnoies, de la chancellerie de France, etc.
TREUTTEL et WURTZ, libraires.

VALEDEAU (de).
VATOU.

SOUSCRIPTEURS.

MM.
VIBRAYE (marquis de), pair de France.
VELTEN, de Carlsruhe.
VILLAIN, imprimeur-lithographe.
VILLENEUVE, peintre.

WEALE, à Londres.
WELLINGTON (S. G. le duc de), à Londres.

MM.
WEYGAND, à Amsterdam.
WLASSOFF (S. E. M. de), chambellan de S. M. l'empereur de toutes les Russies, à Moscow.

YARMOUTH (le comte d').

ZIRGES, à Leipsick.

www.ingramcontent.com/pod-product-compliance
Lightning Source LLC
Chambersburg PA
CBHW071158240526
45470CB00017B/339